館林発
フェアトレード

地域から発信する国際協力

子島進・五十嵐理奈・小早川裕子編／東洋大学国際地域学部子島ゼミ

上毛新聞社

目次

〈本書に登場する主な団体と用語〉

カルポリ

一九八九年、日本の青年海外協力隊とバングラデシュ農村開発局の協力で誕生した団体。手工芸生産による収入向上に取り組んでいる。

シャトル

上毛新聞に付帯する地域情報紙。群馬県内をさらに地域ごとに割った紙面作りがなされている。本書に登場するのは、館林市や板倉町、邑楽町等をカバーする「館林ニュース」である。

シャプラニール＝市民による海外協力の会

一九七二年設立の国際協力ＮＧＯ（非政府組織）。バングラデシュやネパールを中心に、南アジアで現地のＮＧＯと協力しながら、農村開発や貧困問題に従事している。

第3世界ショップ

一九八六年設立。海外二十数カ国の商品をあつかうと同時に、日本国内で地域活性化や生産者との連携も積極的に推進している。

ネパリ・バザーロ

一九九二年に設立されたフェアトレード団体（会社）。ネパールを中心としたアジア諸国のハンディクラフトや食品を扱っている。

ハートバザール

二〇〇九年設立。東洋大生が始めたフェアトレードの学生サークル。

BRAC

バングラデシュを代表する開発NGO。数多くの関連組織を持ち、女性の収入向上を進めるための商品生産はアイシャ・アベッド財団、その販売はアーロンが担っている。

フェアトレード

原料や製品を適正な価格で継続的に購入することを通じ、立場の弱い途上国の生産者の生活改善と自立を目指す運動。

フェアトレードカンパニー（ブランド名：ピープル・ツリー）

一九九五年設立。衣料品雑貨、食品など多岐にわたる商品を、アジア、アフリカ、そして南米の五十団体から輸入・販売している。

ぺぱっぷ

神戸大生を中心に活動するフェアトレード団体。フィリピンのセブ島で生産されるドライマンゴーの輸入・販売を行っている。

北星フェアトレード

北星学園大学の教員と学生によって結成されたフェアトレード団体。バングラデシュのノクシカタを中心に、さまざまな商品の輸入・販売を行っている。

ノクシカタ（ノクシ・カンタとも表記）

バングラデシュの伝統的な刺繍《ししゅう》布。

はじめに——館林発のフェアトレード

子島　進

この本は、東洋大学国際地域学部の子島ゼミが、群馬県館林市で二〇〇五年から行ってきたフェアトレード活動の記録です。

二〇〇四年三月末、私（子島）は館林市の住民となりました。隣接する板倉町にキャンパスを構える東洋大学国際地域学部に職を得て、京都から引っ越してきたのです。キャンパスは、板倉ニュータウンの一角に位置しており、駅から大学までの道に沿って、庭のある大きな家がきれいに並んでいます。ここに住んだら通勤に便利だなとは思いましたが、さすがにいきなり家を買うわけにもいきません。なるべく大学の近くにということで、隣町の館林市で新居を探すことにしました。転居先を探しに行ったときに泊まったのが、城沼のほとりに建つ「つつじが岡パークイン」。二月のことでしたが、目の前の大きな池で白鳥が遊び、その後ろには白雪を抱いたきれいな山々が見えました。この光景の美しさに「このあたりに住みたいね」と妻の泉とも意見が一致しました。そして、いろいろと物件を案内してもらった中で、城沼に近い尾曳グランドハイツというアパートの一室を選びま

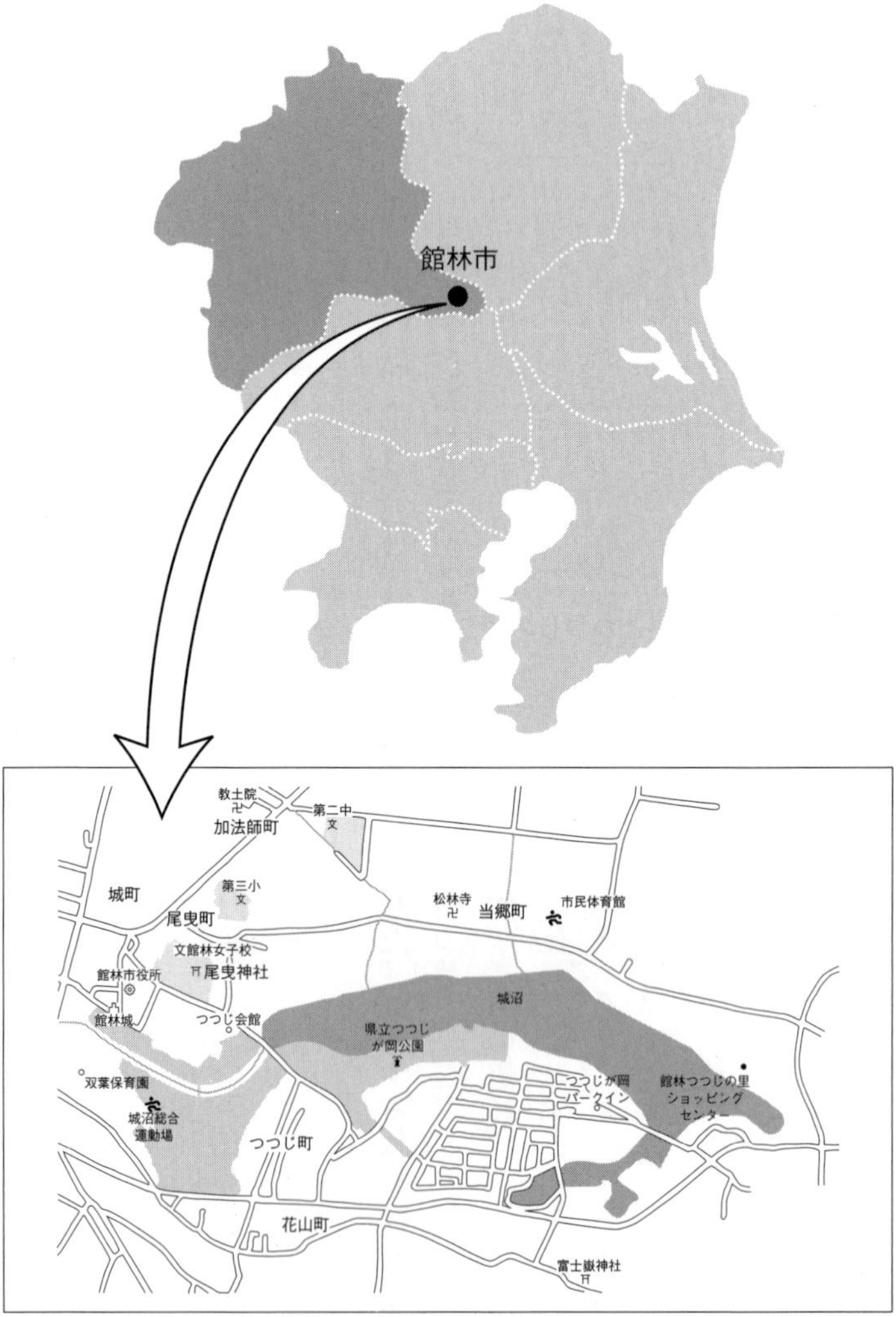

館林の位置図と館林中心図

城沼とつつじの里ショッピングセンター

した。案内された四階の部屋の窓から外を見ると、すぐ目の前に尾曳神社、城沼、そして遠くに筑波山が見えました。板倉行きのバス停もすぐ近くということで決まりです。

　新居から尾曳神社の境内を通り抜けると、すぐそこが城沼です。かつてお城があったことにその名前は由来するのですが、今では周辺地域は広大な公園エリアとして整備されています。池の周りは散歩道になっていて、自動車は通りません。水鳥が遊び、ときにはアパートに隣接する館林女子高校の生徒さんたちがボートの練習をしている。そんなのんびりした風景の中を、途中お気に入りのカフェＮｉｗａでコーヒーを楽しんだりしながら、買い物に行った先が「つつじの里ショッピングセンター」（通称アピタ）でした。引っ越した年の十月に長男の尭が生まれましたが、春になって暖かくなると、今度はベビーカーを押しながらこの道を歩きました。マイカーを持たないわが家では、アピタへの行き帰りに自転車やバス、そしてタクシーをひんぱんに利用しましたが、城沼散歩は私たち家族にとって格別の楽しみであり続けました。そうやって二年が過ぎた頃、このショッピングセンターのイベントスペースを使って、学生と一緒にフェアトレードの販売をやったらどうだろうというアイデアが湧《わ》いてきました。朝夕「つつじ観光バス」に乗って私は通勤していたのですが、同じバスに乗り合わせた学生と意見交換に熱中しました。

この本は、そんなふうに地域で暮らす中でゆっくりと立ち上がり、学生たちと試行錯誤してきたフェアトレード活動の五年間をまとめたものです。

話を進める前に、ここでフェアトレードという言葉の説明をしたいと思います。フェアトレードは、発展途上国の生産者が作る商品を、彼らの生活が成り立つ公正・適正な価格で購入することによって、生産者コミュニティーの経済的自立を支援する運動です。独立間もない東ティモールの人々が希望を託すコーヒー、ネパールの女性が丹念に育てたカレーのスパイス、あるいはペルーの先住民がアルパカの毛を紡いで作るセーターなど多様な商品を、国際協力NGOやその関連会社が生産者と共同開発し、地道に市場を開拓してきました。それが今、お買い物を通してできる「新しい形の国際協力」として、日本でも広がりを見せつつあります。

なぜ、このフェアトレードに着目したのか？　それは、東洋大学の国際地域学部国際地域学科が「国際協力と地域の活性化」をミッションとしているからです。前任校の京都大学大学院アジア・アフリカ地域研究研究科では任期制の助手として、文字通りアジアやアフリカの地域研究を行う専門家を育成するお手伝いをしていました。私自身もパキスタンをフィールドとする文化人類学者ですから、そこではそれまでやってきたことを続けていればよかったのです。在職していた三年の間に、博士論文を本にして刊行したり、同世代の研究者仲間と共同でパキスタンの国家と民族に関する論文集を出したりしました（前者は『イスラームと開発』としてナカニシヤ出版から、後者は『現代パキスタン分析』として岩波書店から出版）。

しかし、今度は二つの意味で環境が大きく変わりました。国際地域学科の学生の大多数は四年間の学業を終えると、就職して社会人となります。特に自分のゼミ（演習）の学生には、「国際協力と地域の活性化」を何らかの形で実践したうえで、社会に出て行ってほしいと強く意識するようになりました。二点目としては、四十歳にして定職を得て、また父親になったことで視点が変わったのです。「もう以前のように長期では海外調査に出られない」というネガティブな思考ではなく、より積極的に地域でできる国際協力の形をつくり出したいという意気込みが、漠然とですが自分の中で生まれてきました。学科のミッションを具体化するメニューを、自分の住んでいる館林で、学生たちとつくりたいと思ったのです。

海外の農村やスラムで生活調査を行い、貧困問題や紛争の原因について学ぶ。これ自体はとても重要なことで、学科では大いに奨励しています。実際、毎年百人を超える学生が海外に出ていきます。しかし、何十人もの学生がその地を二度三度と訪れ、恒常的に支援活動に取り組むような体制をつくれるかと言えば、これはかなり難しいと言わざるを得ません。学生にとって海外に行くことのインパクトは大きいのですが、「次の一手」を考えないと、それは非日常の体験にとどまり、その強烈な印象もやがて薄れていってしまいます。海外での調査研究で得た知識をうまく生かしていく形で、地域での生活に国際協力を織り込む。そのようなプロセスを確立することが、学科での学びにおいて決定的に重要だろうと考えました。その実践が地域の活性化にも緩やかにつながっていくものであれば、卒業して社会人になってからも役に立つだろう。このように構想してみると、買い物を通して誰でもが気軽にできるフェアトレードは、うってつけだとの予感がありました。

日常生活に根ざしたフェアトレード商品

フェアトレードとして売り買いされている商品は、かなりの程度まで日常生活に根ざしている。このことを前提に文章を書いているのですが、では、実際どうなのでしょうか。私の普段の生活を通して紹介したいと思います（価格は二〇一〇年四月現在）。

私と妻の目覚めの一杯は、第3世界ショップの「ダージリンティー」（一〇〇グラム、七三五円）です。インドの有名なお茶の産地で手間をかけて栽培されているだけあって、飽きのこないおいしさです。五歳になった息子の尭はスリランカの「チャイパック」（十二個入り、四六二円）がお気に入り。「スパイスの香りがするね」などといっちょうまえにコメントしつつ飲んでいます。神戸大学の学生さんたちが運営する「ぺぱっぷ」のドライマンゴー（小二〇〇円、大四〇〇円）も朝の食卓の人気者です。これはフィリピンのセブ島で栽培・加工されているのですが、特に二歳の娘の葵が喜んで食べるようになりました。「バランゴン・バナナ」も忘れるわけにはいきません。オルター・トレード・ジャパン（ATJ）が「フィリピンの生産者に安定した暮らし」を、そして「日本の消費者には、農薬の心配のない食べ物を」と始めた「民衆交易」の主力商品です。ATJの商品は、パルシステムという生協に宅配してもらっています。

出かける前の日課が、ベランダの植物への水やりです。プラスチックのプランターが多い中で、象の形をした素焼きの鉢がアクセントになっています。これは南アジアで活動する国際協力NGOのシャプラニール事務所を訪問した際に買ったもので、一〇〇〇円くらいだったでしょうか。シャプラニールのカタログやHPを見ても載っていないので、試験的に導入したレア物かもしれません。

暑くなってくると、「ピープル・ツリー」のシャツを着て大学に向かいます。オーガニック・コットンなので肌触りは抜群です。講義が終わって研究室に戻ると、とりあえずコーヒーを入れ、学生さんと話を続けます。フェアトレードのコーヒーは何十種類も出回っており、今では町のスーパーで見かけることも珍しくなくなりました。知らない銘柄を買ってみることで、少し世界が広がります。

週末になると、ネパリ・バザーロのカレー作りです。四皿分が二袋入って五六七円。コリアンダー、クミン、ターメリックといったスパイスが小分けしてあるので、味はお好み次第。子供の小さなわが家では、トウガラシは入れないので辛くありませんが、旬の野菜を新鮮なスパイスの香りと一緒に楽しんでいます。

Tシャツ、紅茶、あるいはお風呂で使う石けんなど、現在では生活に彩りを加えるさまざまなフェアトレード商品があります。普段使いの商品、日々の生活の一部が、そのまま国際協力になる仕組みをフェアトレードはつくってきたわけです。これによって、「国際協力とは、海外の農村や都市のスラムに行って、治安の悪さや衛生のひどさに耐えながら井戸を掘ったり学校を造ったりすること」という思いこみから、私たちは自由になることができました。

委託の活用

ただし、フェアトレードにも問題点はあります。当面の課題は、やはり販売の形態がきわめて限定されているということでしょう。特に館林のような人口十万に手が届くか届かないかという地方都市に暮らしていると、カタログ通販かインターネットでの注文に限定されてしまいます。実際にお店に行って、商品を手に取って見る機会がないのです。

しかし、実はここにこそ、学生たちとフェアトレード活動を展開していくチャンスがありました。商品を知る機会がないならば、そのような場をつくろうというわけです。いくつかのフェアトレード団体では、市民を活動に巻き込む仕組みとして「委託販売」を採用しています。これは、私たちの側からすれば、「町のお祭りで販売したい、でもお財布はさびしい」という時に、商品を無料でそろえられるということです。どの団体も請求額はだいたい八掛け、つまり定価一〇〇〇円の商品に対して八〇〇円ですから、五万円売れれば一万円の利益となり、参加費やディスプレイの経費等をそこから出せます。

子島ゼミでは基本的にこの委託を活用して、フェアトレード商品を販売してきました。公民館のバザーや学園祭での販売は、売り上げは一日二、三万円といったところです。そして、二〇〇六年から夏休みに毎年二十人前後が参加して、館林市の「つつじの里ショッピングセンター」で大きなイベントを開催しています。この本の大部分は、この販売活動の紹介なのですが、毎回五〇万円前後を売り上げる夏の恒例行事に育ってきました。商品を提供してくれる団体の数も当初の四つから、二〇〇九年には七団体に増えました。

ショッピングセンターでの販売を核に、大小さまざまな形で行ってきた販売の売り上げ総計は約二五〇万円に達しました。バングラデシュの農村で手工芸品生産に携わる女性の月収に換算すると、おおよそ三百人分を生み出したことになります。このように実際の成果を出すことで、私も学生たちも達成感、充実感を味わってきたのですが、まったくリスクがないわけではありません。野外イベントで雨が降れば、まったく売れないかもしれません。委託ですから原則返品できますが、最低限の売り上げラインを設けているところもあります。また、カレースパイスやドライフルーツなどの食品類は「買い取り商品」で返品不可ですから、注意が必要です。ゼミでも「これは売れる、売れるだろう」との思惑が外れたり、「買い取り」と「委託」を混同するなどの失敗を繰り返してきました。

情報の発信

館林市での販売は、売り上げ額から見ると、大学生によるフェアトレードのイベントとして国内有数の規模と言えるようです。しかし、売り上げだけを私たちは重視してきたわけではありません。「学生による情報発信」に力を入れている点にこそ、活動のユニークさがあると自負しています。具体的には、毎年、販売の前に館林市役所で記者会見を開くことで、メディアに対してフェアトレードの意義をアピールしてきました。記者の方々の反応も好意的で、毎回多くの新聞社に取材をしていただき、記事を掲載していただいていることは本当にありがたいことです。とりわけ上毛新聞社のシャトル編集室には、フェアトレードの社会的意義を認めていただき、二〇〇七年から学生が書いた「私のおすすめ商品」を、販売時期に合わせて連載させてもらっています。取材を受け、それが記事として掲載されたもの、私自身が書いたもの、そして学生が書いたものの掲載総数は七十本近くになります。学生が書いたものが圧倒的に多いのですが、この積み重ねが本書として結実することになりました。

二〇〇九年には、初の試みとして、館林ケーブルテレビでＣＭを放映しました。この時は、地元の中学生と東洋大生が一緒にＣＭ作りにかかわったのですが、こんなにまで学生に情報発信の機会を与えてもらえていることが、館林でのフェアトレード活動の最大の特徴だと言えます。

さらに、活動を通したネットワークも広がってきました。毎年のように、商品を提供してくれるフェアトレード団体や他大学の団体メンバーが、販売に合わせて館林を訪ねて来てくれています。毎年、夏になると日本の各地からこのイベントに参加するために館林に人が集まってくる、そんなふうになればいいなと思います。同時に、市役所の市民協働課や地元の中学高校との連携も深めていきたいと考えています。

本書は、基本的に東洋大生がこれまでに上毛新聞シャトルに書いた記事を再構成したり、参加者にあらためてインタビューしたりして、でき上がりました。構成は次のとおりです。

第一部「東洋大生によるフェアトレード活動」は、二〇〇五年からのゼミ活動を、ゼミ生自身が調べてまとめたものです。二〇〇九年に活動が定着したことを受けて設立されたサークル「ハートバザール」も登場します。

第二部「生産者のコミュニティー」では、生産者の生活環境と商品作りに焦点を当てています。バングラデシュ農村部とフィリピン都市部の生産者のコミュニティーが登場します。バングラデシュは二〇〇六年、フィリピンは二〇〇八年に学生たちと一緒に訪れた思い出深い場所です。なお、第二部では、バングラデシュを五十嵐理奈さん、フィリピンを小早川裕子さんにかかわっていただきました。福岡アジア美術館の学芸員である五十嵐さんは、バングラデシュの手工芸品を開発の観点、また美術とのかかわりから研究しています。子島ゼミとの交流は何年も続いており、板倉キャンパスまで講義に来てもらったこともあります。バングラデシュの刺繍ノクシカタに関して、学生たちが書いた短い新聞原稿があったのですが、この機に新たに原稿を書き上げてもらいました。フィリピンのスラムにおける開発問題を研究する小早川さんには、フィリピン研修の事前段階からお世話になりました。収録した文章のオリジナルは、研修に参加した学生たちが上毛新聞シャトル用に書いたものですが、その執筆時からチェックをかけてもらっています。お二人のおかげで、第二部をきちんとした専門知識に支えられた内容とすることができました。

第三部は、「フェアトレード―それぞれの思い」です。これまで交流してきた団体のメンバーに、フェアトレードの理念と現実、面白さと難しさといった点について語って（書いて）いただきました。

また、二〇〇九年度ゼミ生によるオリジナル企画を「幕間」として紹介しています。先輩の活動を取材して書くだけでなく、「自分たちでも何かしよう」と、二つのことにトライしました。その一が「バングラデシュの刺繍に挑戦」、その二が「フェアトレードの食材を使って料理に挑戦」です。

以上の全編を通して、最後のまとめの作業は子島が行いました。ゼミ生たちも最後まで頑張りました。学期中だけでなく、暑い夏休み、就職活動でなかなか勉強に集中できない春休みにも、何度も原稿に向き合って一緒に議論し、最終稿をまとめあげるプロセスにかかわってもらいました。

［追記］
二〇〇九年四月、国際地域学部は、東京都文京区の東洋大学白山第二キャンパスへ移転しました。これに伴い、私自身も板橋区に引っ越しましたが、館林での販売は、二〇〇九年と二〇一〇年の夏も元気に行いました。

2006年から始まったショッピングセンターでの販売

第一部

東洋大生によるフェアトレード活動

――二〇〇五年　最初の一歩

子島ゼミでフェアトレードをテーマとした最初の年が二〇〇五年です。二〇〇四年春に東洋大学に赴任してきた子島先生は「この学科は国際協力と地域の活性化がミッション。ならば日本でじっくり国際協力に取り組める活動として、ゼミ生と一緒にフェアトレードをやってみよう」と思ったそうです。子島先生の呼びかけに、十三人の学生が集まりました。先輩たちは、どんな動機でゼミに参加したのでしょうか。池田愛・臼井秀太・熊島愛・栗原瑞栄・林千賀子さんの五人にインタビューして、当時の様子を振り返ってもらいました。

「買い物で国際協力というのが身近で、新鮮だった。新たな発見だった」（池田・熊島）、「南アジアの貧困問題に興味があり、その解決策を勉強していました。フェアトレードはとてもキャッチーでありながら現実的であり、生産者と購入者側が一緒に豊かになっていくという考え方が、自分に合っていると思いました」（臼井）、「もともとアジア雑貨が好きだったが、フェアトレードの雑貨のかわいさ・種類の豊富さに驚いた」（栗原）。

ゼミが始まると、まず各自で商品を選んで購入しました。商品の特徴、生産者団体の活動、日本で販売している団体、さらには説明書の読みやすさや包装がていねいかどうかなど細かいところまで調べたうえで、「私のおすすめ商品」のプレゼンをしました。この発表は自分たちで販売をするために、フェアトレード商品を仕入れている日本のNGOや会社について知るための発表でもありました。しかし、フェアトレードという言葉が広く浸透し始めた現在とは違い、当時この言葉をゼミの外では耳にすることはなかったそうです。池田・林さんは「学生の間でアジア雑貨・ファッションが流行《はや》っていたが、フェアトレードではない安く売られているものを着ている人がほとんどだった」と振り返っています。『フェアトレードの話』というブックレットやネパリ・バザーロのカタログVerda、雑誌のコラムなどから知識を増やしていきました。フェアトレードの本がたくさん出回っている現在と比べると、当時、資料はとても少なかったです。ゼミ生たちは、インターネットやパンフレットなどから少しずつ情報を獲得し、実際にイベントやお店を訪問することで「フェアトレードとは何か?」を考え、実践していったのです。

毎年五月の第二土曜日は、世界フェアトレード・デーとなっています。世界の六十カ国以上でイベントやキャンペーンが開催されています。日本ではピープルツリー(フェアトレードカンパニー)が呼びかけ、一九九九年に始まりました。五月十四日、ゼミ生は東京三田の「女性と仕事の未来館」に出かけました。セミナーやファッションショーには、多くの大学生がつめかけ、ピープル・ツリー代表のサフィア・ミニーさんも観客席でファッションショーを楽しんでいたそうです。

続いて二十二日には、館林市の東広場で開催された「まち祭」に参加しました。これは、

まち祭での販売（館林市東広場）

シャプラニールの倉庫で商品の説明を受けるゼミ生

ネパリバザーロのスパイスでカレー作り（板倉町西部公民館）

揃いのＴシャツを着て学園祭に出店（板倉キャンパス）

地元の商店・企業・まちづくり団体の出会いと交流を目的として、二〇〇二年に始まった活動です（〇七年まで継続）。この記念すべき最初の販売では、シャプラニールから委託を受けたバングラデシュやネパールの手工芸品を扱いました。楽しかったものの、準備不足で戸惑ったと先輩たちは語ってくれました。「フェアトレードとは何かを説明するパネルを用意していなかったので、説明に困りました。お客さんからも値段が高いと言われました」（熊島）。「商品を買いたいと思ってもらえるような説明をするのは難しい。実際にプロの販売の様子を観察するのが一番いいと思います」（林）。この日の売り上げは二万円でした。

六月には、板倉町の東部公民館でカレー作りに挑戦。ネパリ・バザーロと第3世界ショップのスパイスから、豆カレー、チキンカレー、ココナツ風味のまぐろカレーの三種類を作り、パキスタン米やナンと一緒に食べました。「味も調理法も日本のカレーとは全く違う南アジアのカレーを満喫しました」（池田・栗原）。

八月にはシャプラニール（早稲田）、第3世界ショップ（恵比寿）、ピープルツリー（自由が丘）を訪問し、食事をしたりお買い物を楽しんだりしました。シャプラニールでは、商品を袋詰めするボランティア体験もしました。

十一月には東洋大学板倉キャンパスの学園祭「雷祭」に出店しました。ネパリ・バザーロやシャプラニール等から委託を受け、インド、ネパール、バングラデシュなどの商品を販売しました。コーヒーやクッキーは買い取りです。国際協力サークル「あみーご」がカレーの販売をしていたので、チャイを扱うことにしたのですが、多くのお客さんから「高い」との声があがったそうです。

販売時には、臼井さんがデザインしたTシャツをみんなで着ました。地球をバックにスーツ姿の人と腕輪をたくさんつけた人が握手しているデザインで、先進国の消費者と発展途上国の生産者を象徴しており、フェアトレードのルートを表しています。「みんなで着るゼミTシャツのデザインをしてほしいと言われ引き受けました。アートが好きだったので楽しんで準備できました」(臼井)。

熊島さんは「まずは、販売に挑戦してみようという気持ちだったので、売るための戦略は後から考えた。値段の高さの理由をわかってもらい、フェアトレードの知識をつけてもらうためのアピールを優先しました」。このときは二日間で四万円の売り上げとなりました。

第一歩となった二〇〇五年、和気あいあいとしたなごやかな雰囲気の中で、実際にカレーを作ったり、お店を回ったり、商品を販売したりしながら活動を進めていたことがインタビューからうかがえました。ちなみに、十三人中十二人が女性で、男性は臼井さんだけでしたが、輪の中に自然に馴染《なじ》んでいたそうです。わずか数年前の話ですが、フェアトレードの勉強はまだまだ手探り状態でした。学生たちは個人的にネットの掲示板で情報交換をしたり、講演会やイベントに参加して、他大学の学生たちとも交流を持っていたそうです。一年を通して、学生が積極的に活動し、翌年への可能性を除々に広げていった年になりました。

——二〇〇六年　試行錯誤の大規模販売とバングラデシュ訪問

二〇〇五年度のゼミ活動も一段落した二月、子島先生はいつも買い物に行く「つつじの里ショッピングセンター」（地元では、単にアピタと呼ばれている）の「憩いの広場」を見て、「ここで大規模な販売をやったら面白いんじゃないか」と思いついたそうです。館林の郊外、城沼のほとりに大型商業施設のつつじの里ショッピングセンターがオープンしたのは一九九六年。五万平方メートルの面積を有します。多くの独立店舗（アゼリアモール）に加えて、マクドナルドからタリーズ、アピタ、ケーズデンキまで入っています。駐車場を完備したこのショッピングセンターには、館林市内のみならず、板倉、明和、北川辺など周辺の町からも多くの利用者が訪れています。町のお祭りや学園祭では、そんなに高い商品を置くわけにもいかず、数百円の小物ばかりとなります。しかし、それではフェアトレードのバラエティーに富んだ商品を紹介しきれません。毎日何千人もの買い物客が訪れるショッピングセンターのイベント会場を使わせてもらえれば、画期的なことができるだろう。そう考えた子島先生はその足でマネジャーの中村幸央さんを訪れ、アイデアをぶつけました。即決というわけではありませんが、わりとすぐにＯＫが出たそうです。中村さんは、そのときのことを次のように語っています。

「子島先生が訪ねてきて、話を持ちかけられたとき、私はフェアトレードのことをまったく知りませんでした。詳しい話を聞くうちに、考え方や活動内容にとても良いものを感じました。しかし、一番の決め手は子島先生のフェアトレードに対する熱意でした。ここで販売を行いたいという思い、フェアトレードをもっと多くの人たちに知ってもらいたいという熱い思いが伝わってきました」

こうして、二〇〇六年八月に販売を行うことが決まり、第3世界ショップ、ネパリ・バザーロ、ピープル・ツリー、シャプラニールから商品委託を受けることになりました。十四人のゼミ生は四グループに分かれ、それぞれの団体ごとに責任者を決めて、作業を進めました（当時のゼミ生の大澤祥生・前田嶺さんにインタビューしました）。大澤さんは第3世界ショップを担当しました。「六月十日に恵比寿のお店を訪問したことが、交渉中にいろいろと役立ちました。自分の好みにあった商品をピックアップしていき、それをまとめて第一案として提出。すると多少の欠品が出たため、お店で代替品を用意してもらいました」

販売前から最終日の二十二日まで、ゼミ生たちはブログを書き続けています。最初の販

一番身近な海外協力

フェアトレード商品を販売

雑貨、衣類、食品など200種

館林で東洋大生

知ってくださいフェアトレード―。東洋大国際地域学部国際地域学科の学生たちが22日まで、館林つつじの里ショッピングセンター・アゼリアモールでフェアトレード商品の販売を行っている。アジア、アフリカ、南米などからやってきた自然の風合いを生かした優しい雰囲気の商品が、買い物客の注目を集めている。

自然の優しさが詰まったフェアトレード商品が並ぶ会場

フェアトレードとは、経済的に恵まれない人々が作った手工芸品、食料品などを公正な価格で貿易すること。小規模農家や手工芸職人に継続的な仕事を作ることで経済的な自立につながるため、買い物を通した「一番身近な海外協力」と考えられている。

同学部の子島進助教授のゼミでは昨年からフェアトレードをテーマに活動、研究に取り組んでいる。国内で商品を扱っている団体を訪ねボランティアで梱包作業に携わったり、委託販売という形で館林「まち祭」や同大の学園祭「雷祭」に2年連続で出店し理解を深めてきた。

しかし「祭りのような場所だと、売れるのは高くて700、800円程度のもの。もっといろんな商品があると知ってほしい」（子島助教授）と、さまざまな価格帯の商品を揃えたショッピングセンターでの販売会を企画。3年生14人を中心に、5月から担当者と打ち合わせを重ねてきた。

会場には雑貨、衣類、食品など200種類がずらり。バッグ、Tシャツ、コーヒー、お香といった、自然の素材を生かした優しい風合いのものばかりで、買い物客も「作りが丁寧」「つい買いたくなる」と手に取って見たり、学生にどこの国の商品か尋ねたりと関心を持った様子。

同ゼミの里見[illegible]さん（3年）は「初めてのことで、どれだけ売れるのか分からないけれど、たくさんの人にフェアトレードを知ってもらえるようアピールしたい」と笑顔。子島助教授は「フェアトレード商品の販売は、地域活性化と国際協力が両方実現できる。ぜひ関心を持ってほしい」と話している。

販売は午前10時～午後9時（最終日は午後4時）まで。問い合わせは里見さん（☎090・4885・6695）へ。

小さな楽器や革製品など、小物も人気を呼んでいる

一針一針丁寧に縫われた、バングラデシュの伝統的刺しゅう

「フェアトレードを知ってほしい」。陳列の準備をする学生たち

上毛新聞シャトル　2006. 8 .19　1面

売に挑戦したゼミ生の熱気と多少の不安を、東城勇太さんと斉藤藍さんの文章（抜粋）から感じていただければと思います。

館林販売日記

◎8・12　カウントダウン　あと四日

はじめまして。ゼミ生の東城です。フェアトレード商品の販売まであと四日になりました。今回の販売は自分が体験したことの無い規模なので不安も多いです。でもその分楽しみも多いんですけどね。

今日は宣伝のためにチラシ配

りをしてきました。アゼリアモールに着いた頃には駐車場がほぼいっぱいでした。やはり土曜日ということでさすがに込みますね。自分たちが販売するときもこんなに込んでるといいなぁ～なんて思ったり。

チラシ配りの開始は十一時から。今回参加したゼミ生五人にはノウハウや経験など当然のごとく無く、暗中模索して始まったわけですが、案外受け取ってもらえるんですね。時折、「頑張って！」「たくさん人来るといいですね。」「開催中はのぞかせてもらいます」なんて言葉をかけてもらえました。とてもありがたいです。励みになります。

チラシ配りは十四時半で終了しました。その間中にとにかくチラシを配って配って配りまくりました。その結果、二千枚はあったであろうチラシの束が、最後には片手で持てるくらいになりました。どのくらいの効果があるのかは未知数ですが、何かしら効果はあるだろうとは思います。明日もチラシ配りをするんですが、いろいろな人に出会えるのも楽しみの一つです。

◎8・18　三日目終わって…

こんばんは。ゼミ生の東城です。昨日の売り上げ倍増（五万五〇〇〇円から一一万円）、とても驚きました。まさか初日の倍売れるとは…しかし今日は、六万四〇〇〇円の売り上げでした。


今日は僕たちの販売について書こうと思います。

まず十六日ですが、最初は届いた荷物の開封、検品、陳列作業に追われました。お勧め商品であるオーガニック・コットンを使用したTシャツを陳列したり、ゼミ生以外の一年生や二年生に助けられながら作業を行っていきました。作業もひと段落し、やっと販売開始したのがお昼過ぎでした。ここまでくるのに時間がかかりました…

初日はさほど客足は良くありませんでした。何をやっているのかわからない、どこを推したいのか自分でもわからないなど反省点も多く、考えさせられる初日でした。


その反省、改良点を踏まえ、十七日の販売が始まります。陳列の方法も変え、アピールポイントをわかりやすく明示し、とにかく熱意のこもった（はずの）説明の甲斐《かい》あってお昼くらいまでには初日の売り上げを越えていました。

午後になると、コーヒーの試飲を開始しました。二日目は特に忙しい時間があったりして疲れましたが、その分喜びや楽しみも大きい一日でした。こんな日がずっと続けばいいな…なんて思っていましたが、そうはいかないですね。

本日十八日（三日目）は、売れることは売れるのですが、大きなものが売れず、あまり売り上げは伸ばせませんでした。やはり、人気のある商品が売り切れてしまって、売り場自体に魅力が少なくなってきてしまったのかもしれません。しかし、売れ残っているからといって、魅力が無いこととは違うと思います。僕らが商品の魅力を出し切れていないことに原因があると思います。これからの課題は、商品の魅力を出し切ってあげるような陳列、説明だと思いました。

そのために今日は、愛・地球博に作成された、二・五メートル×四メートルの巨大なノクシカタ（バングラデシュの伝統的な刺繍布）を天井から吊り下げてみました。迫力あるノクシカタは必見です。

◎8・19　販売四日目〜！

はじめまして！　ゼミ生三年の斉藤です。

販売四日目の今日は、土曜日ということもあって一三万と最高の売り上げでした。シャトルや新聞の記事を見て、来てくださった方も多かったようです。また来てくださるという方もいました。うれしいですね。

今日は開店してから三〜四時間くらいが一番忙しかった気がします。特に、第3世界ショップさんの商品の売り上げがすごかったです。黒糖くるみが大人気で、残りは一点のみとなりました。すべて売れてしまった商品や、残りあとわずかな商品も増えてきました。Ｔシャツは三点ほど売れましたが、もっとたくさん売れたらいいなと思います。後半は人が少なかった気がしましたが、閉店ギリギリにネパリ・バザーロさんの草木染パンツを購入してくださった方がいて、うれしかったです。

帰りはアゼリアモールの方が、板倉の駅まで送ってくださいました。感謝です。明日は例年の統計をみると、来客数は多いようです。今日以上の売り上げが期待できると思います。残り後半も頑張りましょ～。

◎8・22　全日程終了～!!

こんにちは。ゼミ生の東城です。

二十二日をもって僕らの販売も終わりました。いや～長かったような、短かったような……

本音を言うと、もうちょっとやりたかったです。でも毎年の恒例行事になるとかならないとか……総売り上げは約六七万円と目標には到達しませんでしたが、良いほうだと思います。

とにかくみんな頑張った!!　お疲れさま!!

今回手伝いに来てくれた、一、二、四年生の皆さま、ありがとうございました。本当に助かりました。今回委託してくださった各団体の皆さま、そして場所を提供していただいただけでなく、アドバイスや、手助けをしてくださったアゼリアモールの中村さま、アゼリアモールの皆さま、本当にありがとうございました。いくら感謝しても足りません。皆さまの手助けがなければ、今回の販売などできなかったです。販売期間を通じて、本当に皆さまに支えられているのだなと実感しました。
反省するべき点は多々あると思います。その反省点を生かして、次の学園祭につなげられるといいですね。

そして、僕らは九月二日からバングラデシュへ調査旅行に行きます。この販売の経験がきっと何かしら役立つと思います。僕自身としてはこの経験で、さらにバングラデシュに行くのが楽しみになりました。現地でのフェアトレードはどのようなものなのか、生の活動を実際に見て、感じて、体験して、いろいろなものを吸収してこようと思います。

ん~楽しみです!!

それではまたこのような機会があることを信じて。

皆さま本当にありがとうございました!!

ブログからもわかるように、ゼミ生たちは無我夢中でこのイベントに取り組みました。そして、実際の売り上げでは、第3世界ショップの商品が牽引《けんいん》車となったことがわかります。「販売では、私は楽器が好きなので、商品の太鼓を実演しました。予想以上に第3世界ショップの商品は売れていき、最終的には仕入れた商品の七割近くを売り上げました。委託でここまで売れたことはないと、第3世界ショップのスタッフも大変喜んでくれました。私も自分で選択した商品が売れてうれしかったです」（大澤）。

前田さんは「途上国の助けになるしくみ」としてフェアトレードに共感し、販売を引っ張りました。当時の気持ちをこう表現しています。「目標は一〇〇万円でした。とにかくがむしゃらで、結果がほしかったです。販売ではマイクも使い、声をたくさんかけていたので、（その後の販売と比べると）かなりうるさかったと思います」「どうやったら売れるか考え、コルクボードで商品を説明するなどの工夫をしました。事前にビラを配るなど宣伝をしたら効果があり、お客さんは見に来てくれました。一般のお店では売ってないノクシカタやドライマンゴー、カレースパイスのセット、紅茶クッキーなど人気がありました」

販売の最中に、仲間内ではしゃぎ過ぎた学生が出たこともあって、子島先生と学生の間でもめたそうです。特に、川島修平さんは販売会場でふざけたり、試食を食べてしまったりして、子島先生から「何やってるんだ」と怒られました。川島さんは、この後のバングラデシュでも、訪問先でまったくノートを取っていなかったため、子島先生から「何しにきたんだ」とひどく怒られたそうです（そんな川島さんの名誉挽回の機会ですが、二〇〇七年にやってきます）。前田嶺さんは、「子島先生と学生が求めるものが違った。もめた原因は取り組み方の違いです。私たちは責任を取らなくていい立場だったので、遊び半分のところもあり、自由にやりすぎてしまったところがありました」と語っています。

この年の売り上げは六七万円で、目標の一〇〇万円には届きませんでした。それでみんな少しがっかりしたそうですが、実はこの記録はその後も破られていません。問題は、支払い総額が七五万円を越えたため、八万円の赤字を出したことです。これはピープル・ツリーの委託分が一割程度しか売れず、一部商品を買い取ったからです。販売後に結構な量の商品が残ってしまいましたが、これを子島先生が八万円で買い取り、赤字を相殺しました。夏休みの間中、子島先生は売れ残った食品を朝食として食べたり、「お中元」と称して配ったりしていたそうです。またレジの売り上げ記録と現金で二万円もの食い違いが出たことも大きな反省点です。さらに、二六〇万円という仕入れ額が大きすぎたため、初日の商品入荷と最終日の返品作業では、品物の多さに収拾がつかなくなり現場はかなり混乱しました。特に団体別に商品をまとめる返品作業が大変でした。団体ごとの異なる指示にうまく対応できず、最終日の夕方から開始した作業は夜十時を過ぎても終わらず、さらにもう一日かかりました。こんな状況になるとは、誰も見当がついていませんでした。マネジャーの中村さんは、悪戦苦闘する学生たちを見守り、後日わざわざ板倉キャンパスに駆けつけて、秋学期のゼミに参加してくれました。中村さんの貴重な「辛口コメント」が報告書には記されています。

「まず改善すべき点として、レジと現金の差額が大きい。一けた間違えると、会社が潰れることがある。お金の計算に関しては、九九点でもだめで、一〇〇点でなければ意味がない。差額をいかにゼロに近づけるか、対策が必要」

「販売をする前に、皆で話し合い、よく考えることも必要。仕入れ、広報、ディスプレイ、それぞれ間違いがないか一つずつ確認すること。今回は学生に運転資金が無かったため、意思決定力が子島先生に偏りすぎた」

「イベント性を高めるのも一つの手だろう。団体の職員に来てもらい講演してもらったり、プロの演奏家に楽器を演奏してもらったりなど。留学生や日本で働いているバングラデシュ人やネパール人で、フェアトレードに携わっている人を呼ぶのも良いかもしれない。仕入れにかかる負担を減らして、その時間をPR活動に回すのも良いだろう」

「良いと思った点は、全体を通して、すごく熱心だった。ディスプレイ、パネルのコメントも良く、チラシ配布も頑張っていた。私がやってみたらとアイデアを出したのだが、まさか記者会見までするとは思わなかった。計画、実行、そして復習するという一連のサイクルは素晴らしい」

最初の販売を振り返って、子島先生はこう語っています。「参考にする先例がなく、私自身もよくわかっていなかった。学生さんはかなり苦労したと思います。最後の返品作業はもう本当に大変で、連日の疲れからほとんど思考停止状態になってしまった学生さんもいた。最初は、なんと倍の五〇〇万円分仕入れたらという話もあって、その通りにしなくて本当によかった（笑）。この年のゼミ生はエネルギーがものすごくあって、活動的だった。ただ、時々そのエネルギーが、私の目から見ると内輪受けに走っているようで、その点はくどくど注意した。次の年からはだいぶ落ち着いて、うまくできるようになっていくんですが、それはこの年の苦しい経験をきちんと報告書にまとめたからだと思います。混乱状況は避けたいですが、あのエネルギッシュな感じを取り戻したいという気持ちはあります」

バングラデシュ訪問

エネルギッシュなゼミ生たちは、館林での販売が終了して間もなくの九月二日、バングラデシュに向かいました。バングラデシュは、よく「世界で最も貧しい国」として語られますが、そのような表現はこの国に暮らす人々の持つ活力を見落としています。実はバン

五十嵐さんの特別講義（板倉キャンパス）

グラデシュでは、都市・農村を問わずＮＧＯ活動がとても盛んであり、ノーベル平和賞を受賞したグラミン銀行のような先進的な試みもこの地から始まっています。ノクシカタをはじめとする、さまざまなフェアトレード商品もＮＧＯによって精力的に開発されてきました。なお、この点に関しては、五十嵐理奈さん（第二部参照）から板倉キャンパスで特別講義を受け、知識を習得しました。

　三年生を中心に、四年生や二年生も加わり、合計十九人の学生が子島先生と一緒にこの研修に参加しました。首都ダッカでフェアトレード団体のオフィスやお店を訪問し、農村では生産者を訪れて仕事内容を体験する目的でした。長年バングラデシュで活動を続けている「シャプラニール＝市民による海外協力の会」の全面協力によって、ツアーが可能となったのです。駐在員の小嶋淳史さんと、シャプラニールが手配したガイド（日本での留学経験をもち、日本語ぺらぺらの頼りになるアロムさん）が全行程に付き添ってくれました。

成田空港から十三時間かかって、ダッカに到着です。到着したのは深夜で、全員疲れていましたが、預けたカバンが壊れていたというトラブルがあったため、手続きがすむのを待たなければなりませんでした。「立っているだけで汗ばみ、日本とは暑さが違う」と玉井直也さんは感じたそうです。

ダッカ初日の九月三日、参加者はシャプラニールの事務所長の藤岡恵美子さんから、バングラデシュの国内事情やＮＧＯの役割について説明を受けました（藤岡さんが任期中に書き続けたブログを読むことができます。バングラデシュを理解するうえで、とても参考になります。http://www.shaplaneer.org/blog/fujiokablog/）。バングラデシュの文化・慣習に従って、女性の参加者は、この日からサロワカミューズという民族衣装を、ずっと着ていたそうです。

初めて訪れたダッカは、参加者の目にどのように映ったのでしょうか？　長澤奈津子さんは、研修中ずっとつけていた日記に次のように書いています（全日程の中から、ダッカに関する部分を抜粋）。

ダッカは人口千三百万人、世界で四番目に人口が多い都市で、高層建築があちこちに建ち始めており、バングラデシュの首都の景観を形作っている。しかし、工事現場の足場は竹製で、建物には広告が多く、全体としてゴチャゴチャとした雰囲気。道は一応舗装されているが、痛みが激しいところも多く、道路脇にはごみや舗装の破片などが見られる。道路は、リキシャ、オートリキシャ、自動車でごった返しており、特に近年は自動車が増え、渋滞が悪化しているとのこと。

日本での留学経験をもつガイドのアロムさんに案内してもらって、バングラデシュの町中を歩く。細い路地の両脇には商店が立ち並ぶ。途中楽器屋に立ち寄り、バングラデシュの楽器を見学。現地で生産されたアコースティック・ギターが店先のケージに陳列されており、店内にはおもちゃのピアノみたいな楽器が立ち並ぶ。店員さんが太鼓を取り出し、私たちに演奏を披露してくれた。次に港付近の市場へ向かうと、バナナやパイナップルが山になって積んであった。市場を抜けて、港からアロムさんの所有する船に乗り、クルージング。町の様子を船内から眺めながら昼食をいただく。アロムさんが日本での生活の様子を話してくれた。

船から降り、バスに乗り込んだわれわれは最後にニュー・マーケットという市場に向かう。途中、名門ダッカ大学の敷地を通り、目的地に。値切り交渉による買い物を体験する。

私にはこういう値切って買い物をすることは向いていないらしい…。

今日は午前中、ストリートチルドレンの学校とドロップインセンター(夜間の宿泊所)を見学する予定だったが、昨日の夜からひどい雨。おまけに雷もすごい。起きて外を見てみるとどしゃぶりで、道が川のようになっていた。この雨の影響で、予定の変更を余儀なくされた(引用終わり)。

ジャマルプールへ

九月四日、一行はジャマルプールへ移動しました。世界最大規模のNGOと言われるBRAC(ブラック)の生産者センターがある村です(正確には、BRACの関連組織である「アイシャ・アベッド財団」が女性たちを組織し、バングラデシュの伝統的な刺繍ノクシカタをはじめとして、さまざまな商品を作っています。この財団名は、BRAC創設者アベッド氏の妻アイシャに由来します)。

事務所で簡単なベンガル語を習ってから、センターを一通り見学しました。ここで働く女性たちの給料は歩合制で、それぞれの技術によって異なります。センターに来て働いている人は三〇〇~七〇〇タカを月々得ています。日本円にすると、せいぜい一五〇〇円程度ということになりますが、この額が生活の質に大きな違いをもたらしています。納期は

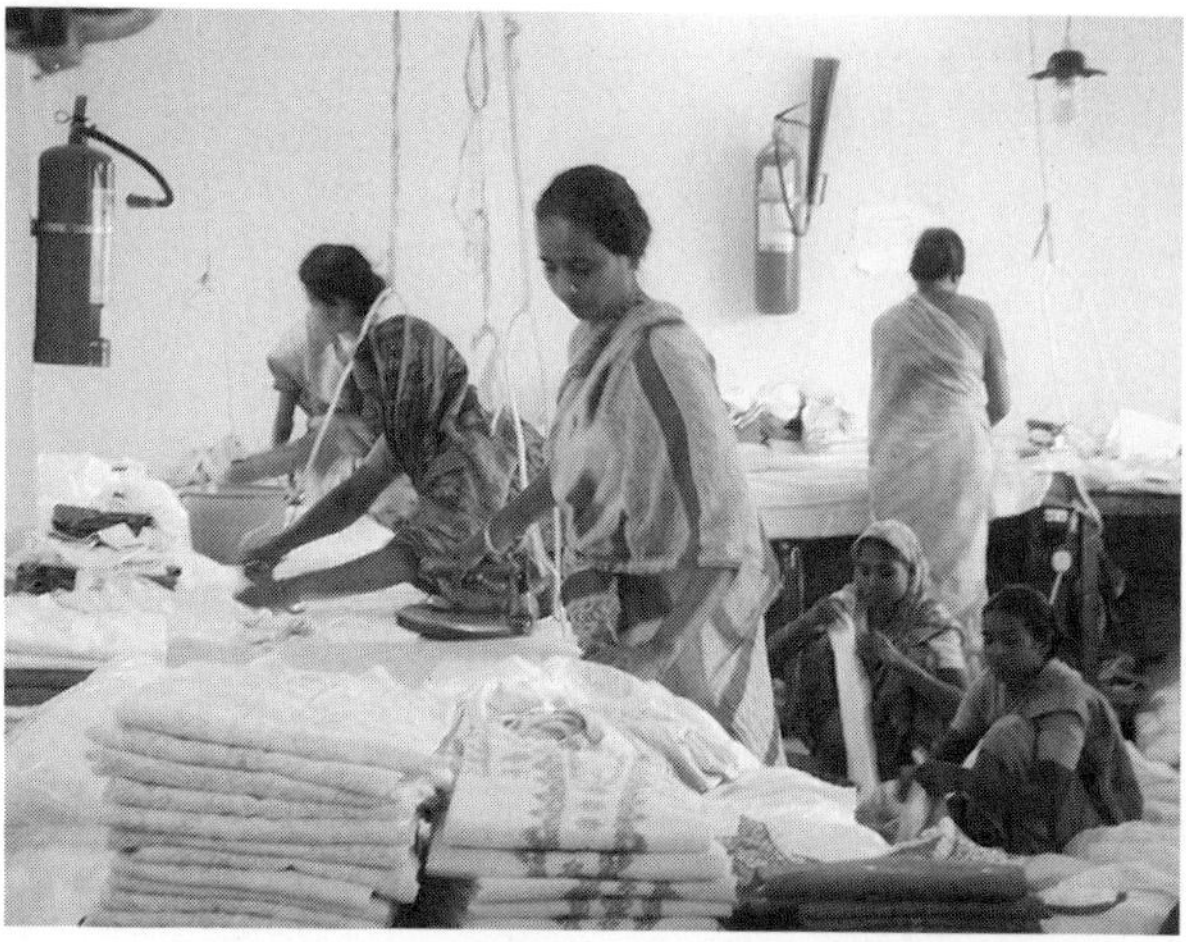

ジャマルプールの生産センターで働く女性たち

最低一カ月ということですが、女性たちは忙しい時期には夜の十時まで働くこともあるそうです。

その後、工房でブロックプリントや刺繍作りに取り組みました。「言葉はわからなかったけど、生産者の女性たちが楽しそうに教えてくれました。刺繍する際にスパンコールを縫い付けたり、手にきれいな模様（メヘンディ）をしている女性をいいなあと見ていたら、休憩中に手の甲に塗ってもらえたりしてうれしかったです。楽しい思い出になりました」（池田愛）。

女性たちは仕事があることで生き生きとしていたそうです。ＢＲＡＣの素晴らしい点は、製品の九〇％を国内で販売し、残りの一〇％だけをシャプラニールを含む海外のＮＧＯに輸出しているところです。ですから、外国人が見学に来ても、女性たちの対応にも余裕がありました。海外への輸出に頼っている団体では、だいぶ事情が異なることを、参加者はその後理解することになります。

九月五日、三つのグループに分かれて、村を訪問しました。学生たちはチャンドラ村、ゴヘルパラ村、西ホリプル村で、それぞれ女性たちに教えてもらいながら刺繍体験をしたり、小学校を訪問して子供たちと交流したりしました。

私が行った村は、西ホリプルという村だった。たくさんの子供たちがいて、私たちが着くや否や、村中の人が迎えに来てくれた。みんな興味津々で、私がちょっと子供たちに話しかけると、とてもうれしそうに寄ってきて、ぴったりとくっついた。女の子はワンピース、男の子は半ズボンで、みんな裸足だった（小川祐香理）。

十六歳から五十五歳までの五十四人の女性が働くチャンドラ村のセンターで刺繍を体験した久保愛美さんは「本物のノクシカタを見て感動に浸っていたので、緊張して針に糸が通せず大変でしたが、ジュティさんという女性が根気強く教えてくれました。実際に作業して、機械では出せない刺繍のあたたかさの理由がわかった気がします」と報告しています。

長澤さんは「村を去るとき、作業を教えてもらった女性が、残りわずかな時間にもかかわらず最後まで一生懸命に手に模様を施してくれました。「ずっとここにいてください」と現地の人が声をかけてくれたり、手を振って私たちを見送ってくれたりと、村の人たちの心の温かさを感じることができました」と日記に記しています。

ジャマルプールでは、良好な体調を維持する学生が生産センターや村で貴重な経験を重ねる一方で、お腹をこわして寝込む学生が続出しました。ゼミ生の中には出発前の成田から少し興奮気味で、現地でもバスやホテルで騒いだり、「モジャ！」（ベンガル語でおいしいという意味）を連発しながら大食いしたりした人たちもいたようで、子島先生はかなり心配して落ち着くよう注意していたようです。しかし環境の変化や長時間の移動による疲労の結果、最終的には六人の学生がジャマルプールで体調を崩してしまいました。子島先生は次のように振り返っています。「私と小嶋さんが持っていた二十個近いおかゆが、あっという間になくなり、学生たちはなかなか快方に向かわない。こうなると、村では適当な食べものもないということで困ってしまった。小嶋さんが学生をジャマルプールの病院に連れて行ったが、設備の面からとてもそこを使うわけにはいかないということになった。他に選択肢がなくなり、村での滞在を切り上げて、ダッカに戻らざるを得なかった。特に体調の悪い学生三人と私がダッカへ先行し、まず病院へ向かった。ダッカの快適でリラッ

田園の学舎《まなびや》●●● 東洋大板倉キャンパス 発 ～第3部

東洋大学国際地域学部（板倉町）では「現場主義」を掲げ、教員と学生が一緒にフィールドスタディーを行っています。この夏も多くの学生たちが、積極的に国内外のまちづくりや開発支援の現場を訪れました。さまざまな貴重な体験をした学生たちのリポートをシリーズでお届けします。

フェアトレードから見えてきたバングラデシュ

国際地域学部・国際地域学科3年

斉藤　藍

生活環境改善を実感

共同生産で貧困から自立

私たち子島ゼミでは、フェアトレードについて研究しています。フェアトレードとは、生産者との対等なパートナーシップのもと、適正な価格で取引することを言います。発展途上国の人々に継続して仕事を提供し、適切な賃金を払うことで、貧困からの自立を支援します。地域の自然素材や伝統的な技術を生かした生産、農薬や化学肥料に頼らない自然農法など、フェアトレードを舞台に、持続可能な社会を目指したさまざまな取り組みが実践されています。

ゼミでは、8月16日から23日まで、館林市の「つつじの里ショッピングセンター」の一角をお借りして、食品、雑貨そして衣類などのフェアトレード商品を販売しました。その後、9月2日から12日までの10日間、実際にバングラデシュの生産者団体を訪問してきました。

バングラデシュの国民所得は日本の約20分の1、世界最貧国の一つです。しかし、首都ダッカに降り立つと、銀行や大会社のオフィスビルが立ち並び、街並みはきれいに整えられていて驚きました。もっとも、村へ移動するとその様子は大きく変わります。ダッカからバスに乗って30分も行くと、大きな建物はなくなり、どこまでも続く平原に集落が散在するだけになります。

私たちが訪ねたのは、ジャマルプールという小さな町にあるフェアトレード商品の生産センターでした。約300人の女性たちが仕事をしていますが、そこで主に作られているのがノクシカタ。「ノクシ」とは"デザインされた"とか"刺繍の"という意味で、「カタ」は"薄い布団のような物"のことです。

昔からこの地域では、古くなった綿のサリーを何枚か重ね合わせて刺繍をし、布団として使っていました。これをさらにデザイン化し商品としたもので、現在は村の女性たちに現金収入をもたらしています。ベッドカバーのような大きなものから、コースター、小銭入れのような小物まであります。

生産センターからさらに村の共同作業場に行き、グループに入って刺繍を教えてもらうことができました。実際にやってみると、刺繍が細かくて意外と難しい。周りの女性たちは、そんな時も「アステ、アステ（ゆっくりでいいよ）」と優しく教えてくれました。会話をしながら楽しい時間を過ごすことができました。

「仕事をしながら、みんなでどんな話をしているの？」と尋ねると、「料理、映画のことや、それぞれの家庭で抱えている問題や悩みを話しているんだよ」と笑って教えてくれました。村の女性たちはみんな声をそろえて、「この仕事を始められて、とても幸せ。以前は経済的に苦しかったが、このおかげで子供たちを学校に行かせてあげられるようになり、家も建てられた」と言います。みんな笑顔で、楽しそうに仕事をしていたのが印象的でした。

このように生産者の顔が見えるのも、フェアトレードの良い点です。現地を実際に訪れ、生の声を聞くことで、商品を作る女性たちの生活環境が良くなっていることを、実感することができました。バングラデシュで得た成果を生かし、これからもっと多くの人にフェアトレードを知ってもらえるように活動していきたいと思います。

ノクシカタを広げる女性たち。左端が斉藤さん

村の共同作業所では大勢の女性たちが働いている

バングラデシュの農村部の風景

上毛新聞シャトル　2006.11.11　5面

クスできるホテルに戻って、学生たちも急速に回復していった」

そんな中、玉井さんだけは「辛いものはだめ」とカレーに一切手をつけず、ご飯に塩をふって食べて体調を維持していたそうです。

ダッカの生産者団体

九月七日、ジャマルプールから首都ダッカに戻ると、アーロン、クムディニ、ジュートワークスの三団体を訪問しました。アーロンの店舗はデパートと呼ぶにふさわしい大きさで、食器、

雑貨、金属類や家具まで幅広く扱っています。ここもまたBRACの関連組織で、学生たちが訪問したジャマルプールのセンターからも商品を仕入れています。商品は質がよく高価で、特にノクシカタ製品や民族衣装は色鮮やかなデザインが中流階級に受けているそうです。クムディニは一九四四年に設立された医療系福祉財団で、商品の大部分を輸出しています。色が薄く繊細なデザインが、バングラデシュ在住の日本人にも人気だそうです。ジュートワークスはアメリカのNGOカリタスと深いつながりがあり、クリスチャンのシスターのもとで女性たちが働いています。「経済的に自立できた、子供を学校に通わせることができた」などの女性たちの喜びの声を聞くことができた一方で、売り上げ・商品開発の面で海外への依存体質を感じました。「どんな商品を作ったら日本で売れるだろうか」との質問に、学生たちも困惑してしまったそうです。

学生たちは、自分たちが販売をした商品を実際に作っている人たちを訪問することで、「顔と顔の見える貿易」を体感することができました。そして、バングラデシュを訪れた経験は、ゼミ生の卒論にも影響しました。実際に自分の目で見てきたことを織り交ぜながら、池田さんはフェアトレードについて、熊島愛さんはバングラデシュの女性の地位向上を目指すNGO活動について、林千賀子さんはノクシカタ商品の発展を追いかけました。

［追 記］

とても残念なことに、私たちが訪れたナラヤンプールのNGOで、事故のため二人のスタッフが亡くなっています。九月九日夕方、私たち一行はシャプラニールから独立した現地NGOのPAPRI（パプリ）事務所に到着しました。ジャマルプールでの滞在を予定より早く切り上げたため、シャプラニールの小嶋さんが新たにアレンジしてくれた訪問でした。しかし、夕食を終えた直後に、離れにある厨房で火災が発生、食事を作ってくれたアノワラ・ベグムさんとベラル・ホセインさんが大やけどを負いました。私たちの滞在は数時間で打ち切りとなり、その日のうちにダッカへ戻らざるを得ませんでした。そして、後日お二人ともお亡くなりになったことを、東洋大学へ報告に訪れた小嶋さんから直接うかがいました。

お二人のご冥福を、心よりお祈り申し上げます。

――二〇〇七年　三人のチャレンジ

二〇〇七年の子島ゼミ生は、前年の十四人から三人へと大きく減少しました。石橋明子、大塚瑠依、林大輔さんです（この記事を書くにあたり、石橋さんと大塚さんにお話を聞くことができました）。二〇〇六年のゼミはかなり盛り沢山だったので、「あそこは大変だ」

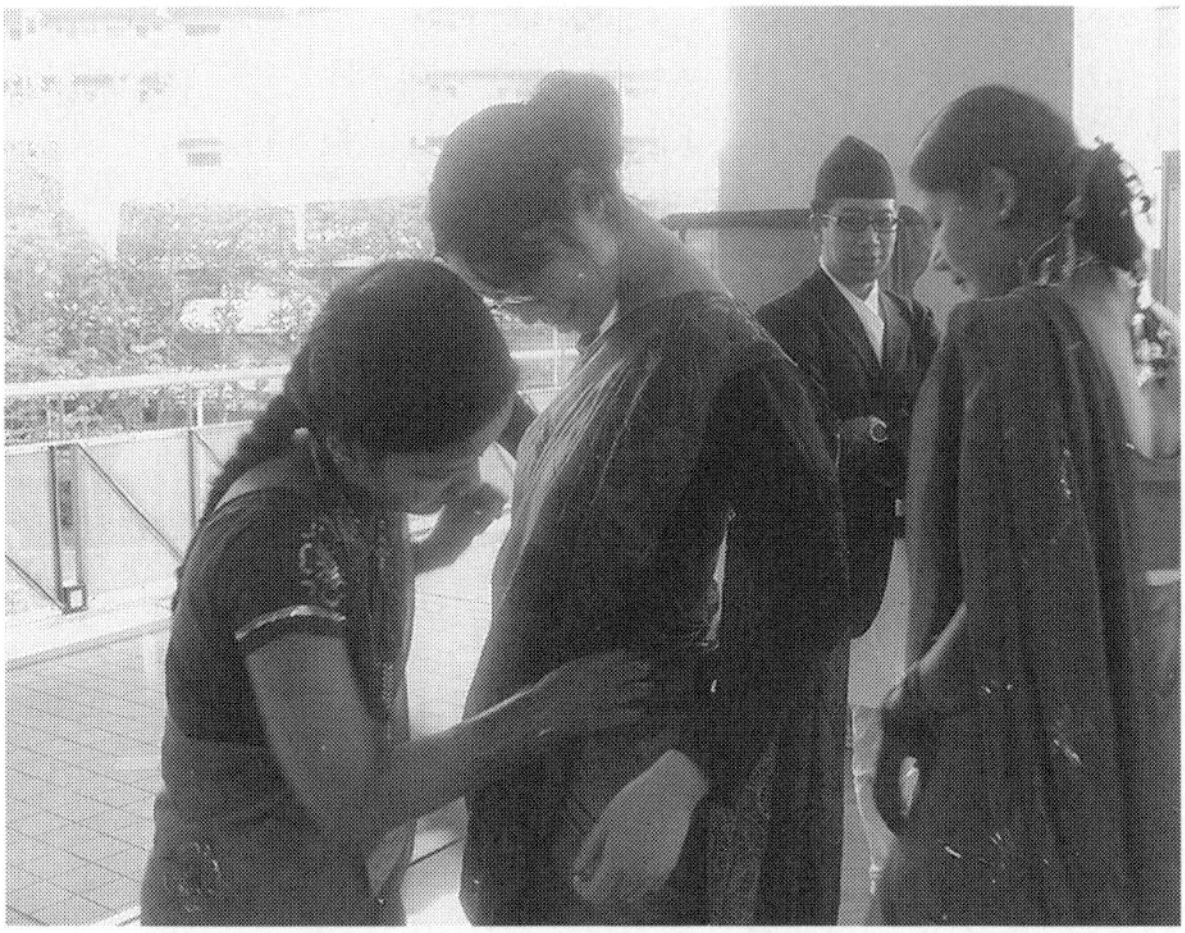
サリーを着る石橋さん（世界フェアトレードデー）

という噂が学生の間に広まったかと思います。年度末に第二子誕生が予定されていたため、子島先生が今年は海外には行かないという方針を出していたことも関係したかもしれません。「最初三人と知って、えっ⁉ と思ったけど、仲良く楽しく活動できた。三人だと連絡を取るのも楽だし、予定も合わせやすかった」（石橋）。

まずはフェアトレードの理解を深めようと、ゼミ生は横浜にあるネパリ・バザーロの直営店を訪問し、世界フェアトレード・デーのイベント（五月十三日）に参加しました。代表の土屋さんや副代表の丑久保さんからは生産者を大切にしながらビジネスとして成り立たせていくことの難しさ、ネパールから研修に来ていたマティナさんとアニラさんからは生産者の実情、商品販売担当の長部さんからはディスプレイや雰囲気の作り方を学びました。

実際に販売準備を始めると、一人一人がフェアトレード団体との交渉、会計、広報などの複数の仕事をこなさねばならず大変でした。二年目のこの年、昨年の四団体に加えて、札幌にある北星学園大学の学生サークル「北星フェアトレード」からもノクシカタの委託を受けました。

作業は通常のゼミ時間では足りず、三人で時間外に頻繁に集まったり、それぞれ個人で準備したりして、進めていきました。五日間にわたって朝十時から夜九時までの販売を行うには、三人では到底足りませんが、口コミでボランティアを募ったところ、十三人の学生がすぐに集まりました。販売前には事前研修として、子島先生からフェアトレードの概念や商品説明の講習を受けたほか、ゼミ生と一緒にチラシやポップ作りを行いました。チラシには販売日時や会場などに加え、ヒマラヤンワールドコーヒー（ネパリ・バザーロ）とジンバブエのTシャツ（第3世界ショップ）を一押し商品として紹介しました。

ジンバブエで活動するデザイン社のTシャツは、低農薬のコットンの生地に現地のデザイナーのイラストが入った商品です。実は前年のTシャツ類の売り上げがいまひとつだったので、当初販売の予定はありませんでした。しかし、ジンバブエのインフレ率二〇〇〇％という深刻な経済状況を知ったゼミ生は、このTシャツだけは仕入れて販売することにしました。子島先生を含む十三人がこのTシャツを購入し、記者会見や販売時にユニホー

買い物で途上国支援

フェアトレード商品販売　16日から東洋大生

館林

フェアトレード商品を販売する子島准教授（後列左）と学生たち

東洋大板倉キャンパス（板倉町泉野）の学生らが十六日から二十日まで、館林市楠町の「つつじの里ショッピングセンター・アゼリアモール」で発展途上国を支援するフェアトレード商品を販売する。

フェアトレードは、発展途上国の生産者を〝買い物〟によって支援する国際協力の新しい形態。消費者が通常よりも高い価格で取引する代わりに商品には無農薬や有機栽培などの付加価値が付いているのが特徴。消費者は安心安全な商品が手に入り、生産者は収入が増え、双方に利点がある。

学生らは国際地域学部国際地域学科の子島進准教授のゼミで学ぶ。同ゼミでは三年前から、国内のNGOからの委託販売の形で、学園祭などでフェアトレード商品を紹介。昨年は同モールで販売した。アフリカや東南アジアなど約二十カ国の食品・雑貨五百点を取り扱う。

一例を挙げると無農薬・無化学肥料のネパール産のコーヒー（三百五十グラム、七百八十八円）、バングラデシュの特産品「ジュート」を使ったエコバッグ（千四百円）、低農薬のジンバブエコットンで作ったTシャツ（三千四百六十五円）など。

販売に参加する学生は「安心できる素材で作った良い商品ばかり。ぜひ買いに来てください」と来場を呼び掛けている。

上毛新聞　2007.8.8　7面

ムとして着用し、ＰＲしました。しかし、納品されたのはたった四枚でした。インフレによる深刻な物不足で生産が滞り、商品が届かなかったのです（このうち三枚が売れました）。「最も困っている生産者の力になりたいと思っても、なかなか難しいことを実感した」と、石橋さんは報告書に記しています。ジンバブエの社会情勢はもともと不安定でしたが、この年八月のインフレ率は一万％に達しました。その後もジンバブエ経済は悪化を続け、二〇〇九年一月には年間インフレ率が約二億％

を超え、国連推計で失業率が九四％に達するなど、再建のめどが立たない状況です。

販売前の土日の二日間、前年に引き続き会場でチラシ配りを行いました。「最初は印刷したもの全部を配り終える気でいましたが、二〜三時間で疲れて切り上げてしまいました。チラシに載せたTシャツの写真が印刷で黒く潰れてしまい、子島先生の奥さんがTシャツの輪郭を一枚一枚手書きしていたのをよく覚えています。会場の地図も載せれば良かったと、後でみんなで後悔しました」と山本路子さん（当時二年生）は振り返っています。

八月十六日、連日の猛暑の中、販売はスタートしました（期間中、二回も四〇度を超える猛暑となりました）。初日は午前九時三十分に集合。シャプラニール、第3世界ショップ、フェアトレードカンパニー（ピープルツリー）の商品は午前中に届きましたが、ネパリ・バザーロの商品は午後一時に遅れて到着。あらかじめ用意してもらっていた長テーブルに商品を配置していきました。商品の到着の遅れに加えて、レイアウトやディスプレイに悩んだせいで、販売は午後二時からとなりました。多くのお客さんが商品を見に来てくれたおかげで、売り上げは八万円と初日にしては十分なものとなりました。

二日目、朝はお客さんも少なく、昨日に引き続き売り場を作りこみました。会場が広いこともあって、ポップやディスプレイなどが完全に出来上がったのはこの日のお昼すぎとなりました。商品の上に「商品名＋値段」を書いたポップを置いたことで、一目でどんな商品かわかるようになりました。午前中にレイアウトやディスプレイを変えて確定したほか、子島先生が作ってきた「カラメル・クランチ」（バナナやパイナップルにマスコバド糖をからめて作る）をドライフルーツの試食として出しました。

午後二時ころからお客さんも増えましたが、初めて販売に参加するボランティアの一、二年生のなかには、接客に戸惑っている様子の学生もいました。レジの使い方にも手間取る場面も、しばしばありました。そんな中で、ノクシカタ体験キットの展示に大変興味を持ってくれた方が、ボランティアの二年生と刺繍をしながら楽しそうに談笑していたのが、石橋さんや大塚さんの印象に残っているそうです（私たちからするとお母さん世代のお客さんが多いので、そのあたりを意識して商品発注するのがよいのではと、社会人になった二人からのアドバイスです）。この日の売り上げは、残念ながら初日よりダウンして七万円でした。

販売にも多少慣れてきた三日目。しかしあいにくの雨で多少肌寒くも感じられ、ショッピングセンター全体を見ても、土曜日にしては、お客さんが少なかったようです。この日は、群馬テレビの取材がありましたが、残念ながらいつ放映されたのか確認はとれませんでした（おそらく十八か十九日の夕方のニュースとして放映）。夕方には、産経新聞の記者さんが取材の後に、お買い物もしてくれました。ノクシカタやヤギ革製品のブックカバー、パスケースなどの小物は良く売れましたが、食品関係が伸びず、売り上げは六万円でした。

20カ国の雑貨、農産物　館林

あすまで東洋大生　途上国支援で販売

東洋大学板倉キャンパス（板倉町泉野）の国際地域学部国際地域学科の学生が、館林市楠町の館林つつじの里ショッピングセンター・アゼリアモールで、フェアトレード商品を販売している。東南アジアやアフリカなど二十カ国の手作り雑貨や農産物など約五百点が並び、大勢の買い物客でにぎわっている。二十日まで。

20カ国の手作り商品を販売している

　フェアトレードとは、発展途上国で農業や手工芸に従事する人たちを〝買い物〟によって支援する国際協力の新しい形態。生産者に利益が行き渡るよう、消費者が市場価格より少し割高な「公正価格」で取引する代わりに、生産者は品質の確かな品物を安定的に生産する。

　フェアトレードについて学んでいる同学科の子島進准教授のゼミ生を中心とした学生ボランティア十三人が、国内のNGO団体からの委託を受けて販売を担当。ゼミ生の林大輔さん(20)は「着心地のいいオーガニックコットンのTシャツや苦味の少ない無農薬コーヒーも人気」と来場を呼び掛けている。

上毛新聞　8.19　22面

四日目の日曜日は、また暑い夏の日に戻りました。子島先生が食品を売ろうとネパリ・バザーロのカレー（ベジタブル）を作ってきて、それを試食に出しました。実際に食べてみると「おいしい！」ということで、かなりカレーの売り上げが伸びました。コーヒーも試飲の結果ほぼ完売しました（暑さのせいか、クッキーの試食は売り上げにつながらず、大量に残りました。後日、子島家恒例の「お中元」となったそうです）。館林ケーブルテレビの取材がありテレビカメラに引きつけられたのか、人が多く集まりました。この日の売り上げは九万円でした。

　最終日にも子島先生がカレー（チキン）を作ってきて、試食に出しました。しかし、前日ほどの反応はありませんんでした。それでも「最後だから」ともう一度来てくれた方がいたことや、高額のノクシカタが売れたことで、一五万円の売り上げとなりました。暑かったり雨が降ったりと天候不順でお客さんが少ない日もありましたが、五日間で四八万円、一日平均九万五〇〇〇円の売り上げとなりました。

販売には、三日間にわたりシャプラニール職員の松本芳美さんや筒井哲朗さんが参加してくれました。商品知識を教わったりディスプレイにアドバイスをくれたりと、学生たちには心強いサポーターとなりました。ディスプレイでは、商品が使われている状態で見せるのがお客さまの目を引くコツだと教わりました。例えば、バックには新聞紙を入れて膨らみを出したり、ブックカバーは実際に本につけるなどです。また、商品が入っていた空き箱を使って段差を作り立体感を出すと、見やすくなります。

この年の販売では、パネルや資料の展示にも力を入れました。商品とは別にコーヒーやバナナのコーナーを設け、スターバックスや無印良品が販売するコーヒーやオルター・トレード・ジャパンがフィリピンから輸入するバランゴン・バナナを展示しました。

ノクシカタの展示は特に充実したものとなりました。ノクシカタとは、バングラデシュの手刺繍の布製品で、ポーチやブックカバーなどさまざまな種類があります。シャプラニールからお借りした製作中の女性たちの写真をメーンに、彼女たちが実際に使用している布や糸、そしてアイロンの実物を展示しました。その横には、実際に販売している商品と、それを作ることによって買えるお米五キロ（インディカ米）が添えられました。昨年に引き続き、巨大ノクシカタ「ベフラ・ロッキンダール」が二階から吊るされました。「ベフラとロッキンダール」とは、バングラデシュの民話で、モノシャーという女神に花婿のロッキンダールを殺されてしまったベフラが、何とかして愛する花婿を甦《よみがえ》らせようとするという物語です。さらに、前年のゼミ生（二年生）が作った「ノクシカタ体験キット」と北星フェアトレードの「奇跡のノクシカタ」のコーナーが加わりました。

一年目の販売では、とにかく「フェアトレード」という言葉を知ってもらうこと、また売り上げを重視していましたが、この二年目はフェアトレード自体を詳しく知ってもらおうと、展示のスペースを大きくし力を入れました。特に年配の女性が展示に興味を持ち、「手作業なのがすごいね」と話しかけてくれたそうで、学生がさらに詳しく説明すると、買ってくれる方が多くいたとのことです。

一年目で得た教訓が報告書にまとめられていたため、二年目は少人数で大変でしたが、販売自体はよりスムーズに行うことができました。ただし、「レジの操作法がわからず、お釣りを間違えて、お客さんを追いかけた」（石橋）、「開始前には大雑把《おおざっぱ》に配置を考えていたが、実際に現場に商品が届くと、ディスプレイがうまくいかなかった。最初はおどおどしてしまって、積極的にお客さんに話しかけられない学生が多かった」（大塚）など、反省点や改善すべき点は常に出てきます。さらに、ピープル・ツリーへの商品返送では、事務所に送るべきものを物流センターに送るというミスをしてしまいました。「返送には十分気をつけていたはずだったのに、今年もまたご迷惑をおかけしてしまった。返送先が二カ所に分かれているので、細心の注意を払う必要がある」と林さんは報告書に記しています。

展示としての側面の強い、北星のノクシカタ数十万円分を除く総仕入額一九五万円に対して、売り上げは四四万八五四円。仕入額の二二%を売った計算です。このうちシャプラニールからの委託分が一四一万円と突出していたのですが、実際の売り上げは十六万円弱にとどまりました。新聞でノクシカタの特集をして、売り上げを伸ばすという目論見《もくろみ》（後述）は残念ながらうまくいきませんでした。

一年目に問題となったレジと現金の差額はどうだったでしょうか。この年は、四四万八五四円の売り上げがあったはずですが、最後に手元に残った現金は四四万五九円でした。まだ七五九円の差はありましたが、だいぶ改善されました。売れ残った買い取り商品（返品不可）を、子島先生が仕入れ値の二万五七三二円で買ったので、最終的な売り上げ額は形式上四六万五七九一円となりました。ここから支払い三八万三三〇三円と返送料等の経費五万二三九五円を差し引くと、利益は三万九三円のはずです。しかし、最終的な段階で会計係の手元に残ったのは二万六六八八円で、またずれが出てしまいました。子島先生とゼミ生三人で話し合って、それぞれ八五一円ずつ出して穴埋めしました（ゼミ生には、子島先生が買い取った商品から金額相当の「現物支給」があったそうです）。これによって、ようやく最終利益が三万九三円で確定しました。「一年目が赤字だったので、この年は小額でいいから黒字にしたかった。ほっとしました」（子島先生）。

この三万円は会場費として支払うつもりでしたが、マネジャーの中村さんは受け取りませんでした。「黒字といっても、実は子島先生と学生さんが、最後に帳尻合わせに自腹を切っていますよね。それでは実際には黒字とは言えないから、うちは受け取れません」「でも私たちも残しておくわけにはいかないんです」「それじゃあ、大学のある板倉町の社会福祉協議会に寄付したらどうでしょうか」「では、そうしましょう」といったやりとりがあって、地元への寄付となりました。

二年目の大きな特徴は、積極的に情報を発信したことです。上毛新聞シャトルにおいて「ノクシカター―バングラデシュの刺繍布」と題して六回連載しました。連載では商品の歴史や多様性、生産者の生活を紹介しました。五十嵐理奈（福岡アジア美術館学芸員）、萱野智篤（北星学園大学教授）、中森あゆみさん（シャプラニール職員、当時）らの専門家に交じって、ゼミ三年生の石橋、四年生の大嵜晃子、卒業生の林千賀子さんが記事を執筆しました（シャトルには十一月にも、大塚さんと林さんが「夏の販売報告」を書きました）。

前年に引き続き、館林市役所の記者クラブで記者会見も行っています。この年は八月七日、上毛・読売・産経新聞の三社の記者さんたちが集まってくれました。ヤギ皮細工（第3世界ショップ）、ドライマンゴー（ピープル・ツリー）、クッキー（ネパリ・バザーロ）、ノクシカタ（シャプラニール）などの商品を紹介したほか、クッキーの試食を出してPRしました。記者の皆さんからは、「何カ国、全部で何点の商品を販売するのか？　生産者はどんな人たちか？　去年との違いは何か？」などさまざまな質問が出ました。「ちゃんと答えられないことが結構あって、準備不足だったと感じました。去年との違いについて聞かれても、ゼミ生三人は全員販売をするのが初めてだったので、よくわかりませんでした。前年の先輩たちからしっかり引き継ぎをすればよかったと思いました」と石橋さんは振り返っています。

販売中にもテレビや新聞社からの取材があり、結果として上毛、読売、産経、毎日新聞の四紙で計十二回記事が掲載されました。NHKのFMラジオからも子島研究室に電話で取材が入り、販売情報をラジオで流していただきました（テレビでも二回放送）。「新聞で見たよ」と声をかけてくれるお客さんも多く、情報発信と販売が少しずつかみあっていく手応えを感じました。

二〇〇七年の大きな成果は、三人という少人数で規模の大きな販売と質の高い情報発信を両立させたことです。前年の混沌《こんとん》とした状況から脱して、販売はスムーズに行うことができました。また、社会的に意味のある情報はメディアに取り上げてもらえる、広報予算

夜市で商品を勧める川島さん

がゼロでも地域へ情報を発信できるという確信を持つことができました。

○七年番外編——川島さんの下町夜市

二〇〇六年の三年生は、四年生になってもアクティブでした。館林市の「下町夜市」は、下町通り商店街による地域活性化イベントで、毎月第三土曜日の六時から開かれています。「最初に四年生が五月の夜市に出店したいと言ってきたときは、本当に驚きました」と子島先生。「だって川島さんを責任者にしてやると言うんだから」。川島修平さんは、前年の販売やバングラデシュで、態度の悪さを子島先生から何度も注意されていました。その川島さんが自ら出店を志願し、それを大澤、大嵜、東城、前田といったゼミ生がサポートする形で、クッキー、ケーキ、コーヒーなどの食品を売ろうというのです。一回の販売自体は三時間で終わりですが、残された詳細な記録を読むと、川島さんや仲間が時間をかけてていねいに仕事に取り組んだことがわかります。まず、四月二十一日に第三十一回下町夜市を下見し、本部に挨拶《あいさつ》。二十三日、ネパリ・バザーロとシャプラニールに電話して、販売の趣旨を伝えています。翌日、大学にて商品選定会議。二十七日、下町夜市実行委員会事務所で全体会議に出席。これは夜市出店者、商工会議所職員、市役所の商工課まち研ボランティアなどが夜市をどう盛り上げるかを話し合う会議です。ここで販売につながる有益な情報を入手したようです。「子供の客層をつかむことで、親の客層もつかめる」「チラシ配りをすべき」といったメモが残っています。五月十九日の販売ではこうした努力が実り、二万六〇〇〇円を売り上げ、二五六五円の利益を出しています。その後も、二十一日会計作業、二十三日商品の返送、二十四日支払い振り込みなどきちんと後処理を行っています。さらに報告書には、下町夜市実行委員長の三田英彦さんからいただいた貴重なアドバイスまで書き記されています（三田さんは、館林市で八十年続く老舗文具店「三田三昭堂」の社長で、小売り業のプロです）。この話を思い出すとき、子島先生も感慨深げです。「川島さんが長い報告書を書いて持ってきたときは、感動して涙が出そうになりました」

――二〇〇八年　ボランティアへの移行とセブ研修

二〇〇八年は、館林の販売がゼミ生の活動からボランティアへ移行した前半と、ゼミ生が参加したフィリピンのセブ島研修を軸に活動した後半に分かれます。

この年の販売は、ボランティアだけで行われました。その中には子島ゼミの学生もいましたが、あくまでもボランティアとしての参加でした。サークル結成を視野に入れて、ボランティアでどこまでできるのかが試されたのです。国際地域学部の東京移転が決まり、子島先生は「今後は、ゼミ生だけでは販売に参加する人数を集められなくなるかもしれない。サークルにして、東洋大学全体からボランティアを募る体制にしよう。学生のフェアトレードへの関心の高まりからすれば、問題なく移行できるだろう」と考えたのでした。

これまで担当者を決め、細かい打ち合わせを経ていた商品選定は、二〇〇七年までの結果を踏まえて、子島先生が「お任せ」で各団体に委託を依頼しました。その間にボランティアのメンバーは情報発信により力を入れました。八月、上毛新聞シャトル紙上で国際地域学科生の販売参加者やボランティアがバラエティーに富んだ商品を紹介する「おすすめの商品」シリーズを連載しました。ボズ・ラズ・パウデル「トラカムバック」、宇佐美真弓「子象の貯金箱」、岡村朱乃「ヒマラヤンワールド」、大石真夢「ノクシカタの象さんグッズ」、平野由紀「ミティラのペン立て」、岡田有紗「手漉《す》き紙のポストカード」、山崎め

販売前のポスターやポップ作り（板倉キャンパス）

ぐみ「素焼きの貯金箱」、そして善家晋吾さんの「こつぶちゃん」が掲載されました。どれも魅力あふれるものばかりです。

「トラカムバック」は、シャプラニールがネパールの女性技術開発プロジェクトと共に開発したバッグですが、女性たちのサポートをするだけではなく、売り上げの一部を野生のトラの保護活動にも寄付しています。「野生のトラに戻ってほしい（トラ、カムバック）」の思いに共感した阪神タイガースの許可を得て、同チームのロゴをつけているユニークな商品です。この商品を持って、館林ケーブルテレビの「街スタTV」にも登場したボズさんは、当時を振り返って次のように話しています。「あのとき売ったネパールの商品（コーヒーやバッグ）は、私はネパール人だけど、知らないものばっかりだった。それが売れていくのが、うれしいし面白かった。特に国際地域学科の中挾知延子・村田由美恵先生がわざわざ来てくれて、トラカムバックを買ってくれたことを今でも覚えています」

ネパリ・バザーロの「ヒマラヤンワールド」は、ネパール西部で生産されているコーヒーです。王政を廃止したネパールでは政治的に不安定な状態が続いていましたが、コーヒーの生産によって農家の人々が安定した収入を得られるようになりました。現在では政府の奨励の下、牛糞《ぎゅうふん》を肥料にした質の高い有機栽培のコーヒー豆が栽培されています。

「手漉き紙のポストカード」を作っているのは、フィリピンのシャピイという団体です。ミンダナオ島に自生するコゴン草などの野草を漉き、優しい色合いの草花で飾られています。この商品の売り上げの一部は、第3世界ショップを通じてシャピイ基金の奨学金として寄贈されています。奨学生は筆記試験、家庭訪問、学校推薦を経て毎年厳正に選ばれているそうです。

最後に、第3世界ショップの「こつぶちゃん」ですが、これは日本の商品です。山形県の庄内産の大豆が使用されています。質は高くても市場では売り手のつかない極小大豆を「捨てるのはもったいない！」と老舗の豆屋さんと商品化したものです。このように国内の農家を応援できる方向にも、フェアトレードは広がっていく可能性を持っています。

連載は学生の勉強にも宣伝にも効果があったのですが、タイミングを逸したものもあり

「街スタ TV」の取材を受ける岡田さん

新聞記者に商品説明をする中尾さん（右）と今井さん（左）＝館林市役所

「街スタ TV」で販売の趣旨を説明する子島先生

ました。「私の記事は販売終了日前日の新聞に載りましたが、その時はもう「こつぶちゃん」は売り切れていたんです！　せっかく記事を見て販売会場に来てくれたお客さまがいたのに、とても残念でした」と善家さんは振り返っています。食品は返品可能な委託販売ではなく、買い取りとなるので、どうしても仕入れが少なくなってしまうのです。

八月十一日には市役所で記者会見を行いました。中尾乃絵さんによると「記者の皆さんは個人的にも応援してあげようという温かい雰囲気でした」とのことで、上毛、朝日、産経、毎日、読売、東京新聞に掲載してもらうことができ、自分たちの連載もあわせると、この販売関連の記事は合計で十四回も新聞に掲載してもらうことができました。さらに十九日の販売初日に取材を受けた館林ケーブルテレビの「街スタTV」で、販売の様子が二十四日まで放映されました。

販売には、館林の安楽岡市長さんもお見えになり、「いろいろ珍しいものがあるんだね」とお買い物をしてくれました。町田宗太さんをはじめとするFTSNのメンバーも、見学に来てくれました。FTSN(フェアトレード・スチューデント・ネットワーク)は、フェアトレードを知りたい、広めたいと志す学生のネットワーク団体です。また、この年に国際地域学科に着任した杉田映理先生が、バングラデシュ調査から帰国してすぐに、販売にかけつけてくれました。

結果として、この年は五一万円を売り上げることができました。これは仕入額の半分が売れた計算で、買い取り商品もほとんど売り切ることができました。子島先生のコメントです。「最初の年の仕入れが二六〇万円で売り上げ六七万円、赤字が八万円。この年は一〇〇万円強の仕入れで五一万円。三年目にして効率がだいぶよくなり、五万円の黒字も出ました。委託商品の返品も数が少ないと撤収作業も楽で、宅急便代もかからずにすみます。だいぶ進歩しました」。

利益の五万円を、マネジャーの中村さんに会場費として支払おうとしたところ、「来年以降もこの販売を続けていくために使ってほしい」とのことで、ありがたくサークルの基金とすることになりました。これまでの三回は、いずれも国際地域学科の先生方からお金を借りて、運転資金としていたのです。一回目は子島先生が全額を用意しました。二回目以降は、子島先生に加えて、学部長の藤井敏信先生をはじめとする四、五人の先生方に四万円ずつ「出資」していただき、販売終了後に返金しました。研究室が子島先生の隣だった学長の松尾友矩先生も、毎回応援してくれました。しかしこの方式はやはり不便なので、二〇万円程度の基金が求められていたのです。

販売を振り返る

この年の販売について、会計を担当した岡田健一さんと久川和哉さん、シフト担当の有江千晶・植竹聡美さん、中野瞳さんにも振り返ってもらいました。

「販売をするのは初めてでしたが、商品が売れてきて少なくなった時のレイアウトを工夫しました。レジのそばや人通りが多い所に商品を置いてお客さんの目を引こうとしました。コーヒーの試飲を出して、お客さんが飲んでいる間に説明しました」（岡田）。

有江さんと植竹さんは、「週末のシフトに入れる人が少なくて、予定を組むのが大変だった。シフト提出の締め切りまでにメンバーと連絡を取れないこともありました。本番ではうまく人を回すことができ、ほっとしました」と話してくれました。

三年目となったこの年、より多くの学生がただ販売に参加することからその意義を考えるようになり、「お客さんに生産者をもっと知ってもらおう」をテーマにしました。自分たちも商品や生産者コミュニティーへの理解を深めようという目的もありました。お客さんの中には、学生がやっている活動だから応援しようと商品を買ってくれている人がいて、同情ではなく商品自体に良さを見つけて買ってほしいという思いがメンバーの中にはあったそうです。学生たちの努力は、ゆっくりですが着実に成果を挙げ始めてきました。「商品の良さに引かれて、買い物をしていったお客さんがいてうれしかったです。参加を始めた前の年よりもフェアトレードの広まりを感じました」（中野）。

ボランティアで参加した二十人の学生たちは、新聞記事を書いたり販売に参加したりして、国際協力にいろいろな形でかかわることができました。しかしメンバーは販売終了後に解散したので報告書を作成しませんでした。「失敗や成功を生かすため、販売参加者や担当の役割ごとにレポートを作成すべきでした。一人の主観ではなく、全体像を見るためには複数で作った方がよいです」と久川さんは振り返っています。子島先生は後述のセブ島研修の報告書作成があり、気になりながらも手が回らなかったそうです。結局二〇〇八年の記録として残ったのは、年度末に「支援してくださった皆さんにご報告を」と先生が上毛新聞シャトルに寄稿した短い文章だけでした。

二〇〇七年から販売を支えてくださっているショッピングセンターのマネジャー橋本智徳さんは「販売を通して、このショッピングセンターが地域の交流の場になってほしい。お金ではなく、心の中で感じとれるような見えないつながりを持てるような場になればいいと思う」と話してくれました。

「見えないつながり」は確実にできています。国際地域学科のOBたちは館林に戻ってくることで、社会人となって離れてしまった国際協力に、またかかわることができたと語ってくれました。「卒業後でも、意識的に活動を続けられる場があるのはうれしい。販売を通して国際協力に携わることができたのと、自分の知識をお客さんやメンバーに伝えることができてよかった」（久川）。「卒業後はなかなかフェアトレードに出合う機会がありません。通販は別ですが、地方だと気軽に買いたくても買えない。こうして館林で活動が続いていくことが、より多くのショッピングセンターでフェアトレード商品が販売されるきっかけになったらいいね」（岡田）と話は続きました。

中学生との交流

さらに、この年の販売には、館林市役所の市民協働課に勤務する栗原幸枝さんと奈良有紀子さんが一つの提案をもってお見えになりました。それは「国際協力まつり」に参加してほしいというものでした。

奈良さんは、東洋大の活動を知ったきっかけを次のように話してくれました。

「東洋大生のフェアトレードについては、新聞で何度か目にしていました。館林で活動しているのであれば、『たてばやし国際交流まつり』にも出店していただこうと思い、足を運びました。子島先生との話の中で、オーストラリアで交流体験する中学生に、ぜひ販

（第三種郵便物承認）

エコバッグやココア販売

26日の国際交流まつり

館林

買い物で国際貢献を

フェアトレード 中学生が仕組み学ぶ

中学生がフェアトレードについて学ぶ研修会「お買い物で国際貢献」が十一日、館林市の城沼公民館で開かれ、今夏、市の中学生海外派遣団としてオーストラリアで学んだ生徒ら二十八人が、フェアトレードの仕組みについての理解を深めた。

フェアトレードとは、主に発展途上国で生産される農産物や手芸品などを適正価格で購入する「公正な貿易」により生産者を支援する活動。生徒たちは二十六日に同市で開かれる国際交流まつりの中のコーナーで、フェアトレード商品を販売する。

研修会では、フェアトレードに詳しい東洋大学国際地域学部の子島准教授が講師を務め、仕組みや日本での取り組みの現状などを紹介。当日販売する商品についても話し合い、インド製のエコバッグやドミニカ産の純ココアなど三十品ほどを扱うことを決めたほか、収益はフィリピンで奨学金として役立ててもらう。

館林二中二年の吉田香奈子さん(14)は「とても勉強になった。当日はたくさん売れるように頑張りたい」と話していた。生徒による商品販売は、二十六日午前十時から午後三時まで、市役所東広場で行われる。

フェアトレードについて学ぶ生徒たち

上毛新聞　2008.10.15　15面

（第三種郵便物承認）

外国人と市民交流

フェアトレード 中学生、販売に一役

館林でまつり

フェアトレードコーナーで商品の説明をする中学生ら

館林市国際交流協会主催の「第十回たてばやし国際交流まつり」が二十六日、市役所東広場で開かれ、中国、ブラジル、ペルーなど同市に住む外国人と市民らが交流した。

まつりは市に在住・在勤の外国人と地域住民との触れ合いの場を設け、地域活性化や国際親善を図ろうと開かれている。

今回は市の中学生海外派遣団としてオーストラリアで今夏研修を積んだ生徒らも参加。発展途上国の食品や手芸品などを販売する「フェアトレード」の活動に加わり国際貢献に一役買った。

この日、広場にはお国自慢の料理や菓子、手工芸品など日本を含め十数カ国の販売テントが並び、多国籍マーケットといった雰囲気。ステージではフラダンスやバンド演奏、独唱など多彩な催しが行われ、まつりを盛り上げた。

上毛新聞　2008.10.27　15面

売してもらおうということになりました。毎年、姉妹都市であるサンシャインコースト市へ館林の中学生を派遣しているのですが、帰国してからさらに学び、国際貢献できるチャンスをつくろうというのが狙いです。アゼリアモールの販売ブースは、日本人好みの商品構成となっており、これなら中学生も関心をもって体験活動をしてもらえると思いました。『お買いもので国際貢献』、このキャッチフレーズが学生や市内の方にも広く興味を持っていただけるのではないかとも感じました」

栗原さんも「思ったよりかわいらしい商品が多かったので、中学生にも受け入れられて、国際交流まつりでも売れると思った」とのことです。

十月十一日、子島先生が城沼公民館でフェアトレードの仕組みや日本での取り組みの現状などについて事前講義を行いました。当日販売する商品についても話し合い、インド製のエコバッグやドミニカ産の純ココアなど、約三十品を扱うことに決めました。その様子は十月十五日の上毛新聞に掲載されました。館林二中の吉田香奈子さんは「とても勉強になった。当日はたくさん売れるように頑張りたい」とコメントしています。

二十六日の販売では、中学生パワーが爆発し、なんと一日で八万円も売り上げたそうです。経費を差し引いた利益の一万余円は、フィリピンのシャピイ基金の奨学金制度に寄贈されました。

セブ研修と学園祭での販売

ここからは、セブ島での学部研修とその後の展開について報告します。

八月三十一日から九月十二日の二週間、十八人の学生が国際地域学部のセブ研修に参加しました。目的は、フィリピン大学セブ校での講義とスラムでのフィールドワークを通して、地域住民が自ら参加して生活の質を改善していく「コミュニティー開発」について学ぶことでした。引率した子島先生は、以前にこの研修に参加した学生から「スラムの女性たちが拾い集めたジュースパックからバッグを作って販売している」と聞き、コミュニティー開発の勉強とフェアトレードの実践を結び付けたいと考えました。子島ゼミからも四人が参加しました。

ゼミ生が訪問したスラムの「バランガイ・ルス」は、住民参加によるコミュニティー開発のモデル地区として知られています。とりわけ、スラム住民が、自分たちの住んでいる土地をセブ市から融資を受けて購入し、スクオッター（土地の不法占拠者）から「合法的な土地所有者」へと生まれ変わったことで有名です。そこからさらに進んで、女性たちが自分たちの権利を守ろうと「バンタイ・バナイ」（家族を見守るという意味）」を結成し、家庭内暴力の被害者支援や夫への警告、啓発活動などに取り組んでいます。収入向上プログラムとしての取り組みの中に、フェアトレード商品の開発も含まれます。スラムのお母さんたちが結成した生活協同組合である「多目的組合」や「メガマム」では、フェアトレード商品の生産と販売を開始しています。参加者は、この二つからジュースパックで作ったバッグやネックレスを買い付け、学園祭で販売することにしました。

研修に参加した山本さんは次のように述べています。「現地に行くまでは、ついテレビに出てくる被災地や紛争地域の悲惨なイメージを思い浮かべていました。バランガイ・ルスに行ってみると、住民は職につき、電化製品をそろえている家庭もあり、想像以上の豊かさに驚きました。何より、コミュニティー全体が明るく住民たちも自発的でした」

研修中の偶然の出会いをきっかけに、ぺぱっぷとのつながりもできました。ぺぱっぷは神戸大生が中心となって活動するＮＧＯで、セブ島のドライマンゴーの輸入販売を行っています。研修の一環として訪れたフェアトレードのお店で、神戸大生の岩下光恵さんがインターンをしていたことから、交流が始まりました。
帰国後、セブ島から持ち帰った商品を学園祭で販売するため、研修参加者、ゼミ生、そしてボランティアが力を合わせて準備を始めました。目玉商品としたのが、「ジュースパックのバッグ」と「手作りネックレス」です。研修参加者が生産地であるセブ島の概要や、バランガイ・ルスの生活について、詳しく紹介したパネルを作成しました。十一月一、二日の学園祭「雷祭」にて「フェアトレード本舗」として出店。ジュースパックバッグは六十個を完売しました。今回は生産者のことをまずは知ってもらうおうと、破格の三〇〇円（インターネット上では、一〇〇〇円前後で販売されている）で売り出したとはいえ、販売参加者も驚きとうれしさでいっぱいでした。「ジュースパックのバッグは大好評で、学園祭が終わった後にも欲しいという学生がいます。今でもまた売らないのと言われます」（大石真夢）。

ぺぱっぷから仕入れたフィリピンのドライマンゴーも、試食が好評で三十個を完売しました。「コーヒーを注文してくれたお客さんに、マンゴーの試食をおすすめしたら好評で買ってもらえました」（山本）。

一方、ネックレスは苦戦しました。三十二個仕入れ、完成品の十九個は売れましたが、残りは販売できませんでした。「買った人に、実際にネックレスを作ってもらい、女性たちの苦労を体感してもらおう」と未完成品も仕入れたのですが、ほとんどのビーズの穴が小さすぎてヒモが通らなかったのです（このことは帰国後にわかりました）。

セブ島研修に三回参加している今井泰世さんは「学祭の実行委員長だったので販売に参加できなかったけど、実行委員会のメンバーに宣伝したらドライマンゴーが口コミで広まり、活動にも関心をもってもらえてうれしかったです」と話してくれました。なお、この時有志で参加した販売メンバーの七人全員が、その後結成されることとなったフェアトレードのサークル「ハートバザール」に参加しています。

販売リーダーだった伊藤さんは「私はセブには行かなかったので、現地のことはよくわからない」と言いつつも、準備と本番でメンバーを引っ張りました。フェアトレードは海外に行かなくても参加できる国際協力だということがよくわかります。こうして学生たちは、研修の成果報告をパネルにしたり、販売に参加したりすることで、セブ島研修での学びを実践に移そうと努力しました。夏の委託販売とは違い、自分たちで買い付けた商品を販売し、生産者の生活を紹介することで、自分たちもコミュニティー開発にかかわろうとしたのです。この学園祭での販売は、その後のフェアトレード活動の幅を広げることになりました。

社会貢献賞を受賞

二〇〇八年も暮れかけた頃、子島ゼミの活動に注目していた東洋大学職員の深野弘美さんと中村健司さんが、「社会貢献賞に応募してみたらどうだろう」と声をかけてくれました。ボズさんが子島先生に手伝ってもらって書類をまとめ、提出しました。そして二〇〇九年三月、これまでのフェアトレード活動が評価され、子島ゼミは東洋大学社会貢献賞を受賞しました。ゼミを代表して、ボズさんが表彰式に出席し、一〇万円の表彰金を受け取りました。この年の販売利益五万円、子島先生が上毛新聞に連載したフェアトレードのエッセーの原稿料五万円、そしてこの一〇万円で二〇万円の基金が用意できました。いよいよゼミからサークル結成へ向かいます。

――二〇〇九年　ハートバザール始動

二〇〇九年、フェアトレードサークル「ハートバザール」が立ち上がりました。すでに前年の段階で、サークルへの移行は視野に入っていましたが、子島先生は次のように考えていたそうです。「ゼミで館林のイベントを続けていくと、準備と販売にあまりにも多くの時間を費やして、それだけで終わってしまう。これまでは販売自体がチャレンジだったが、それもだいぶ軌道に乗ってきた。今後はサークルがイベントを担当し、ゼミは調査研究という体制にしたい。そうすれば、学部が白山に移転しても、フェアトレードに関心のある学生を全学的に募集することで、館林での活動を継続していける。そして将来的には、館林方式をモデルとする販売イベントを、日本の地方都市へ広げていきたい」

こうして、館林での販売は、ゼミからサークルへとバトンタッチされました。すぐに二十名近い学生が集まり、前年ボランティアとして活躍した岡村朱乃さんが代表となりました。サークル名のハートバザールは、シャプラニールがかつて手工芸品の販売に使っていたものを拝借しています。一九九三年、当時大学院生だった子島先生は、シャプラニールの倉庫で手工芸品の整理をするアルバイトとして、短期間ですが働きました。振り返ると、これがフェアトレードとの出合いであり、ハートバザールという言葉には思い入れがあるそうです。ハートバザールのハートは英語の「心」ですが、南アジア系の言語では「手」を意味します。手仕事の良さを心から心へと伝えるという素敵な言葉です。

前年の売り上げは五一万円でしたが、その後の不況突入もあり、二〇〇九年は売り上げを伸ばすことよりも、情報発信により力を入れることを基本方針としました。その一環として、CM作成を行いました。子島先生が「館林ケーブルテレビに頼むと、CM一本を一万円で作ってくれるそうだ」と持ちかけたことで、やることが決まりました。ハートバザールの初仕事です。岡田有紗さんが担当となり、準備を進めました。前年の国際交流まつりで知りあった中学生にも出演を依頼したところ、連絡が取れたのは撮影日二日前とぎりぎりでしたが、快く応じてくれました。七月五日に、販売会場のつつじの里ショッピングセンター駐車場で撮影を行いました。

館林ケーブルテレビのCM撮影

ＣＭの構成は、ハートバザールの岡村、岡田、そして村田愛理さんが「東洋大学が今年もやって来ました」と、まずフェアトレードについて説明。続いて中学生の島村恭子、吉田香奈子、加藤沙彩さんがドライマンゴー、ノクシカタ、ヤギ革ブックカバーを紹介するというものでした。言い間違いや車が通るなどのハプニングがあり、七回も八回も撮り直しました。中学生たちは「緊張したけど楽しかった」と笑顔でコメントしてくれました。八月十五～二十一日の一週間、館林ケーブルテレビでＣＭは放映されました。結局、料金も「学生キャンペーン中だから」ということで、無料となりました。

二〇〇八年から始めたシャトル紙上での「おすすめ商品」連載では、国際地域学科の猪子景子、田原晃吉、深田慎介、長崎めぐみ

2009 お買い物で国際協力 東洋大学

19日から館林つつじの里SC

途上国の労働者支援

フェアトレード 全学的サークルが販売

東洋大の学生ボランティアらが取り組むフェアトレード商品販売が19日から23日まで、館林市楠町の館林つつじの里ショッピングセンター「憩いの広場」で行われる。キャッチフレーズは「お買い物でできる国際協力」。4回目の今年もユニークな商品を取りそろえ、国際協力に努める。

フェアトレード（公正取引）は、発展途上国の生産者や労働者に利益をもたらし、その人たちの自立に配慮した商品を提供するもの。定期的に商品を輸入して販売することで、小規模農家や手工芸品職人に継続的に仕事の場を提供できる側面もある。

過去3回は、国際地域学部の子島ゼミの学生が中心に行ってきたが、今回から、新たに結成された全学的な国際協力サークル「ハートバザール」が販売に当たる。

NGOなど7団体から商品委託を受け、商品のバリエーションを拡大。ヤギ革の小物やジュートバッグなどの人気商品に加え、パキスタンの陶器、ハルタン族などユニークな品が並ぶ予定だ。

また、他大学にも呼びかけた結果、フィリピン・セブ島のドライマンゴーを輸入・販売する神戸大の「ぺぱっぷ」の学生メンバーも参加する。

時間は午前10時～午後9時（初日は会場設営のため、正午ごろから）。

学生たちが選んだ「おすすめ商品」を順次紹介する。

ジュートバッグ「カエル」を持つ荻田さん

ジュートバッグ

推薦者 荻田　陽子さん

経営学部マーケティング学科3年

環境に良く おしゃれ

バングラデシュ 女性5000人が手作り

「袋はいりません」。この一言で環境問題は改善へと近づきます。今やエコバッグは必需品ですね。さらに、そのエコバッグも環境に良いものであったらすてきだと思いませんか？ 今回は、そんなすてきな商品、「ジュートバッグ」を紹介します。カエルと猫の2種類のデザインがあり、シンプルでかわいらしい商品です。A4サイズも入る大きさで通勤・通学にも便利。しかも軽くて丈夫だからいっぱい入りますよ！ これからは、おしゃれにエコをする時代です。ぜひみなさんも手にとって実感してみてください。

ジュート（黄麻）は麻の一種で、人の背丈の倍以上にもなる背の高い水草です。その繊維は、米袋やカーペットの素地としてバングラデシュの産業を支えています。しかも、ジュートは燃やしても有毒ガスが出ず、土に埋めてもバクテリアによって完全に分解されるという環境に優しい天然素材なのです。さらに、吸湿性、放湿性、通気性という3拍子そろった利点を持ち、使い勝手も抜群です。

このジュートバッグを作っているのは、バングラデシュ独立直後の1973年に設立された「ジュートワークス」という、収入のない女性たちが集まってできた団体です。身近な素材であるジュートを使い、すでに身に付けている技術で手作りしています。現在、約5千人の女性が参加して、手工芸品を海外に輸出しています。彼女たちは、この活動によって生活費を稼いでいるだけでなく、「子供を学校に行かせたい」「自立した生活をできるようになりたい」といった願いをかなえられるようになりました。このように、フェアトレード商品を購入することで、海の向こうでは笑顔になれる人がいるのです。

ジュートワークスと協力して、この商品を日本で販売しているのが、民間団体（NGO）の「シャプラニール＝市民による海外協力の会」です。

平和で公正かつ多様な地球社会の実現を目指し、バングラデシュとネパールで、貧しい農民、ストリートチルドレン、そして最近では家事使用人として働く少女などを支援しています。国内では「日本でできる身近な海外協力」を提唱し、このジュートバッグを含むフェアトレード商品を販売しています。

上毛新聞シャトル　2009．8．12　1面

さんに加え、国際観光学科の甲斐将史さん、経営学部の荻田陽子さんと他学科他学部の学生も執筆しました。さらに他大学にも呼びかけたところ、北星フェアトレード（北星学園大学）の津田彩花さん、ぺぱっぷ（神戸大学）の岩下光恵・喜多彩乃さんも執筆するなど、多彩な顔ぶれとなりました。抜粋して紹介します（ぺぱっぷと北星については、第三部をご覧ください）。

バングラデシュのジュートバッグ‥「袋はいりません」。この一言で環境問題は改善へと近づきます。今やエコバッグは必需品ですね。さらに、そのエコバッグも環境に良いもので

あったら素敵だと思いませんか？　今回は、そんな素敵な商品、「ジュートバッグ」を紹介します。カエルと猫の二種類のデザインがあり、シンプルでかわいらしい商品です。A4サイズも入る大きさで通勤・通学にも便利、しかも軽くて丈夫だからいっぱい入りますよ！　これからは、おしゃれにエコをする時代です。ぜひ皆さんも手にとって実感してみてください（荻田陽子）。

セブの手作りネックレス：スラムで暮らすお母さんたちが家事や育児をこなしつつ、作っているものですが、販売先の開拓が進まないのが悩みです。そこで私たちがこのネックレスを日本に持ち帰り、学園祭で販売することにしました。その際、「買った人に、実際にネックレスを作ってもらい、女性たちの苦労を体感してもらおう」と未完成品も仕入れました。しかし帰国後にわかったのですが、ほとんどのビーズの穴が小さすぎてヒモが通らないのです！　しかたなく学園祭では完成品のみを出展しました。四月になりハートバザールが立ち上がると、再び「このネックレスをどうしよう」ということになり、ドリルを使ってなんとか穴を大きくすることに成功しました。しかし手間がかかり、なかなか数をこなせません。その分、一つ一つのネックレスを、こころを込めてていねいにつくりました。ポップな色合いでとてもかわいい仕上がりになりました（長崎めぐみ）。

クロントイの肩かけバッグ：タイの首都バンコクにクロントイ・スラムがあります。二〇〇八年夏、私は学部の海外研修でこのスラムを訪れました。経済的にはとても厳しそうでしたが、大人から子供まで「笑顔があふれていた」のが印象に残っています。クロントイで活動しているNGOに日本の「シャンティ国際ボランティア会」があります。スラムの中に事務所を置き、職業訓練センターも併設しているシャンティにとって、フェアトレードは重要な活動です。センターで訓練を受けた女性たちが時間と労力をかけて丁寧に作る衣類・バッグ・ポーチ・帽子などの商品を公正な価格で買い取り、日本の消費者に届けています。「肩かけバッグ」も、このセンターで生産されたものです。非常に軽くて体にフィットするデザインで、長さを調節することができます。バッグの中にはポケットがいくつもあり、財布・携帯電話・ポーチなど必要最低限のものはすべて入ります。散歩や近所へのちょっとした買い物にも使える便利なバッグです（猪子景子）。

インドのヤギ革のペンケースとブックカバー：私がバックパッカーとして初めて旅に出たのは二十一歳のときでした。そのときに歩いた東南アジアの街は、慌ただしく行き交う車とバイク、埃《ほこり》とアジア独特のにおいに包まれ、騒がしくもとても活気に溢《あふ》れていました。街を囲むようにどこまでも広がる田んぼは美しく、そこで働く人々の穏やかな日常も、またとても美しい光景でした。その時の経験や刺激は、確実に今の私をつくっています。現

上毛新聞　2009年（平成21年）8月19日（水曜日）（4）

2009 お買い物で国際協力 ■東洋大学■

村人の研究、努力結実

堆肥や緑肥など自然農法で

ネパールのオーガニック・ティー

沸かしたてのお湯を勢いよくティーカップに注ぐと、上品な香りが立ちのぼります。東ネパールの山奥で自然農法により、堆肥や緑肥などを用いて作られた紅茶は[illegible]も渋みもありません。砂糖を入れずに飲むと、さわやかな香りが口の中に広がります。どんな食事にも合います。水出しして冷蔵庫で冷やすだけで、夏にピッタリの冷たい紅茶にもなります。

この製品を販売しているのは、「援助よりも貿易を」を掲げるフェアトレード団体ネパリ・バザーロです。なぜ「援助」ではなく「貿易」なのか？　ネパリ・バザーロの母体であるNGO「ベルダレルネーヨ」（エスペラント語で「緑の学校」という意味）は設立当初、学校へ行けない子供たちのために、ネパールでの学校建設を目指していました。しかし、現地を何度も訪問したことで、問題が別のところにあると分かったのです。学校を建てても、親の経済力がなければ、子供は家事や労働をせねばならず、継続的に学校へ通うことができません。学校を卒業したところで子供たちには働き口がなく、両親は学ばせる意義を見いだせない、そんな経済問題が見えてきたのです。

世界各国からの寄付で、村人たちは一時的には生活することができても、心の中に依存心が生まれ、寄付がなくなってしまえば、生活に窮するのです。そしてネパール人女性の「恵んでくれなくていい、トレードをしてほしい。自ら力を付けて立たなければ、この国は変わらない」という言葉に触発され、自立を促すことを目指してネパリ・バザーロは設立されたのです。

この紅茶も、村人たち自身の研究と努力により生まれたものです。私たちがこの紅茶を購入することで、村に産業が生まれます。大人たちが働くことで、子供たちは学校に行って学べるようになります。そんなよりよい環境が循環していく支援をしていきたいと思います。

▼フェアトレード商品販売「お買い物で国際協力」は19日から23日まで、館林市楠町の館林つつじの里ショッピングセンター「憩いの広場」で行われる。

推薦者　田原晃吉さん、深田慎介さん
（国際地域学部国際地域学科3年）

紅茶でひと息入れる田原さん（左）と深田さん

上毛新聞シャトル　2009. 8 .19　4面

在、これらの国々では「労働機会の不足」という理由から、経済的に貧しい人々が少なくありません。しかし、お買い物を媒介として、人々に労働と自立の機会を支援することができます。ヤギの革で作られたペンケースとブックカバーは、インドでバングラデシュからの難民が作っています。一つ一つが手作りのため、色やデザインのバリエーションも豊富で自分に合ったオリジナルな一品にきっと出合えることと思います。単に安いものを求めるのではなく、本当に良い物を、現地の人々が自立できる適正な価格で購入する。そうすることでお互いが豊かさを共有できたら素晴らしい。私がバックパッカーとして経験したことをこの販売で役立てられたらと思います（甲斐将史）。

ネパールのオーガニック・ティー：沸かしたてのお湯を勢いよくティーカップに注ぐと、上品な香りが立ちのぼります。東ネパールの山奥で自然農法により、推肥や緑肥などを用いて作られた紅茶は癖も渋みもありません。砂糖を入れずに飲むと、爽《さわ》やかな香りが口の中に広がります。どんな食事にも合います。水出しして冷蔵庫で冷やすだけで、夏にピッタリの冷たい紅茶にもなります。この製品を販売しているのは、「援助よりも貿易を」を掲げるネパリ・バザーロです。ネパール人女性の「恵んでくれなくていい、トレードをしてほしい。自ら力をつけて立たなければ、この国は変わらない」という言葉に触発され、自立を促すことを目指して設立されました。この紅茶も、村人たち自身の研究と努力により生まれたものです。私たちがこの紅茶を購入することで、村に産業が生まれます。大人たちが働くことで、子供たちは学校に行って学べるようになります。そんなよりよい環境が循環していく支援をしていきたいと思います（田原晃吉・深田慎介）。

ムルタン焼の植木鉢：ムルタンはパキスタン中部に位置する古い町で、マンゴーが特産品です。そのことからもわかるように大変暑い所で、陶器が大活躍します。柔らかな白色の下地に、モスクと同じイスラームの青で描かれるアラベスクの草花はとても鮮やかで、この季節にぴったりの装いです。直径一三・四センチ、高さ七・七センチと小さくてかわいいサイズなので、サボテンやミニ観葉植物によく合います。この製品を作っているムルタン焼の工房は、日本の外務省の「草の根無償援助協力」の資金を受けて、周辺の農村地域の子弟に、この伝統ある陶器の技術訓練を行っています。日本には、パキスタンで教育支援を行っているNGO「日本ファイバーリサイクル連帯協議会」が輸入しています（山崎めぐみ）。

新たな仕入先として、シャンティ国際ボランティア会、日本ファイバーリサイクル連帯協議会、そしてぺぱっぷが加わったことで、商品のバラエティーは大きく広がりました。クロントイのバッグやパキスタンのムルタン焼など、これまでになかった商品が登場しました。自分たちの情報発信に加えて、販売の様子をシャプラニールがフェアトレードの紹介DVD用に撮影してくれるというサプライズもありました。

販売は八月十九～二十三日の五日間にわたって行われました。販売に追われるサークルのメンバーとは別に、私たち子島ゼミの三年生が「取材班」として参加しました。これは初の試みでした。以下に、五日間の流れを紹介します。

◎八月十九日

一日目は例年、搬入が遅れて販売開始が遅れていましたが、今年はあらかじめ岡村さんの家に商品を届けてもらい、検品を済ませました。このため搬入や展示の準備はスムーズに進み、十二時から販売を開始できました。ヤギ革財布やジュートバッグなどを手に取るお客さんにハートバザールのメンバーが説明。買い物が終わると、今度はそのお客さんに取材班がインタビューを行いました。そのうちのいくつかを紹介します。

「フェアトレードが国際協力というのは知ってたし、たまたま用事があって近くを通ったので来てみました。少し値段が高いのもあるけれど、質の良さは感じる。特にヤギ革は良いです」(四十代・女性)。

「シャトルでヤギ革製品を見て、欲しいと思い来ました。フェアトレードのことはよく知らないんですが、商品は安いし嫌なにおいがしなくていいと思います。もともと、革製品が好きなんですが、東南アジアのデパートで買ったら、デザインが良くてもにおいがひどかったんです。今はそういう技術が進歩していていいですね」(七十八歳・女性)

「私もボランティアをしていて、シャンティなどから委託を受けて販売しているので、商品には詳しいんです。以前取り扱っていたノクシカタのL字型ファスナーポーチは便利で使いやすかったです」(六十代・女性)。

この日は、一階店舗の大部分を占めるアピタが棚卸しで休みでしたが、売り上げはおよそ七万円で、まずまずのスタートとなりました。

◎八月二十日　二日目

販売二日目は定刻の十時に販売を開始。この日の販売参加者は十人でした。話を聞いていて面白かったのは、サークルメンバーで四年生の伊藤裕輔さんが、商品を売る以上に、

買い物で途上国支援

23日まで館林

東洋大の国際協力サークル

小物、バッグ コーヒーなど フェアトレード品販売

東洋大のサークルが主催するフェアトレード商品販売

東洋大の国際協力サークル「ハートバザール」（岡村朱乃代表）が取り組むフェアトレード商品販売が23日まで、館林市楠町の館林つつじの里ショッピングセンター・アゼリアモールで行われており、12カ国で作られた100種200点の商品が並んでいる。

フェアトレード（公正な貿易）は、発展途上国の生産者を支援する新しい国際協力。流通手段を持たない生産者の製品を適正な価格で継続して仕入れ、販売することで、生産者の生活基盤の確立を後押しする。

同大が市内で主催するのは4回目。過去3回は、国際地域学部の子島進准教授のゼミ生が中心になって開催してきたが、今回から5月に設立した同サークルが担当している。

商品は非政府組織（NGO）や他大学のサークルなど7団体から販売委託を受けたり、同サークルがフィリピン・セブ島で買い付けた。ネパール、バングラデシュなどの国で作られたヤギ革の小物や黄麻のバッグ、陶器、コーヒー、ドライマンゴーなどがある。

岡村代表は「商品はなかなか手に入らないものばかり。ぜひ見に来てほしい」と話している。販売は午前10時から午後9時まで。

上毛新聞シャトル　2009. 8 .21　3面

カタログをお客さんに持って帰ってもらうことを目標にやっていたことです。伊藤さんは、お客さんにフェアトレード団体の商品カタログを持って帰って読んでもらうことで、裾野がどんどん広まっていくと考えていたのです。

お客さんに加えて、上毛新聞シャトルや東洋大学広報の方々が取材に来てくれたことで、売り場はにぎわいました。シャトル編集部の栗原博美さんは「フェアトレードは身近に誰でもが国際協力できることが一番の長所だと思う。サークルでの販売はとても素晴らしい活動であり、新聞、広告、CM、雑誌でどんどん広めていくべき」と応援してくれました。商品については「値段が高い商品や、大きな商品は買

うのに勇気がいるので、もっと小物や雑貨があれば欲しいし、お客さんも欲しいと思う」とのことでした。シャトルからは、編集長の北島純夫さんも「途上国の人を支える活動で、非常に大事なことだと思います」とエールを送ってくれました。東洋大学の広報課の窪薗隆さんは「以前子島ゼミを取材したので、フェアトレードの知識はありました。今回の販売は、フェアトレードをまったく知らない人たちにアピールする良い機会だと思います」とコメントしてくれました。ちなみに、窪薗さんのお気に入り商品はヤギ革の小物だそうです。

◎八月二十一日　販売三日目

販売期間中、メンバーはさまざまな工夫をしました。例えば、これまでは管理がしやすいように商品を団体ごとに並べていたのですが、お客さんが商品を見やすいようにと種類ごとに並べ直しました。ワゴンの全体配置も変えて入り口を広くし、お店に入りやすいようにしました。人気商品のヤギ革のカバンを外側から見やすい位置に変えたところ、さらに多くのお客さんが来てくれるようになりました。

一年生の船津みゆみさんは「商品の説明がうまくできない。販売三日目だけどまだ慣れません」と苦笑いしながらも積極的にジュートバッグの説明をしていました。

◎八月二十二日　販売四日目

土曜日のこの日、販売参加者は九人でしたが、大勢の方々が訪れてくれたおかげでとても活気のある一日となりました。

ＣＭ撮影時に担当カメラマンだった館林ケーブルテレビの中嶋直一さんが、今度は『街スタＴＶ』用の取材に来てくれました。シャプラニールでフェアトレードを担当する小松豊明さんも団体紹介用のＤＶＤ作成のために来ました。撮影やインタビューが長時間にわたり行われたので、会場はちょっとした撮影現場のようでした。そのおかげでしょうか、「ちょっとのぞいてみようかしら」とお客さんが次々に来てくれました。

遠路はるばる神戸から、ぺぱっぷのメンバーも販売に参加してくれました。夜行バスで駆けつけた岩下光恵・今田泰裕さんのコメントです。「まず会場の広さに驚きました。実際に自分でドライマンゴーの販売をしてみて、自分たちの商品なのにお客さんに話しかけるタイミングがわからなくて難しかったです。新聞やテレビの取材が来ていたり、お客さんがフェアトレードのことを知っていたりと、ぺぱっぷの課題である地域密着が、ハートバザールはしっかりできていてすごい」。二人には、ぺぱっぷの活動で苦労している点についても聞いてみました。

「年に一回注文するのですが、食品は賞味期限があるので、在庫がでないように数を決定しなければなりません。その予測が難しいです。不良品が届いた時の英語でのメールのやりとりが、スムーズにいかないこともあります」

「今年二〇〇九年からカフェを回る営業を本格始動したのですが、二十軒近く訪問して商品を置いてもらえることになったのはまだ一店です。企画書を持参し説明していますが、まだ手探りの状態です。ドライマンゴーは小売りの利益が小さいので（一袋あたり四〇円）、なかなか置いてもらえません」

さらに、東洋大学国際地域学部の職員である石井健一さんご夫妻や卒業生も多く訪れ、インタビューに答えてくれました。一般のお客さんからは詳しいコメントをなかなかとれなかったので、後日石井さんに「辛口でお願いします」とコメントをお願いしました。

「子島ゼミの活動が始まった二〇〇五年からフェアトレードのことは知っていましたが、実際に販売を見に行ったのは今年が初めてでした。学生たちの動きは見ていて気持ちがよかったし、場所も人通りが多くていいところだと思いました。

コチャパンパ・コーヒーとココ箸入れを購入しました。コーヒーは今まで飲んだものとは違った甘みがある面白い味で、手間をかけて育てている生産者の様子が目に浮かぶようです。箸入れは夫婦で使っているのですが、持ち歩いていると素材が珍しいのか、どこの商品なのか聞かれたりします。買っただけで自己満足にならずに、人に伝えることができるのでいいですね。気になったのは、商品の質のばらつきです。特に刺繍などは手作りのよさが伝わらずに、『値段が高い上に品質もよくない』と感じてしまうお客さんもいるの

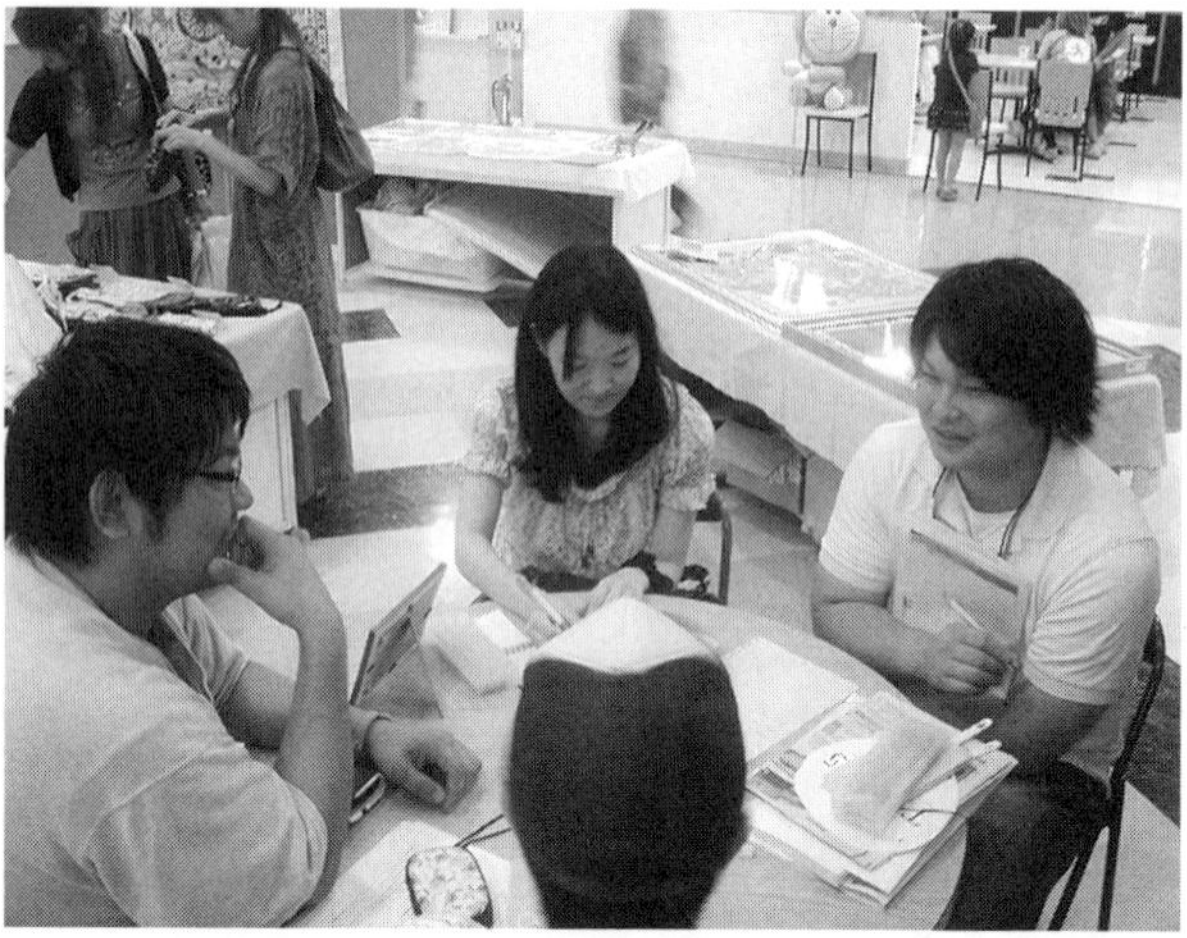

本書のための取材を行う安西（右）と市井（左）

ではと思います。商品のアピールに関しても、もっと努力できるはずだと思いますよ。たとえばレイアウトですが、並べてある商品を見ても、どこの国のものなのか、素材もよくわからないものがありました。これは何？　何に使うのだろう？　というものもあったので、街の雑貨屋を参考に、手作りのかわいいポップをもっと付けた方がいいと思います」

卒業生の林千賀子さんからも「アクセサリーをたくさん販売しているんだから、鏡を置いたほうがいいよ」との指摘がありました。

◎八月二十三日　五日目

販売参加者は八人。向かいのお店からお借りした「本日最終日」というポップを貼りました。十一時に返品希望のお客さんが来ましたが、自分たちでは判断がつかず、子島先生を探しました。結局商品を交換し、返品されたものは不良品として委託元に返送しました。
この日は卒業生が大勢訪れて、同窓会のようになりました。また宮内敦夫先生がお菓子を持って板倉町から駆けつけてくれました。三月まで国際地域学部に所属していた宮内先生は、〇九年度より生命科学部（板倉キャンパス）に異動したので、白山のキャンパスではお会いする機会がなく、学生たちにとってはなつかしい再会となりました。午後には、CM撮影に協力してくれた館林市立第二中学校の島村恭子さんが、販売に参加してくれました。

◎八月二十四日　撤収日
十時三十分に撤収作業を八人で開始。作業はスムーズに進んでお昼過ぎには完了しました。その後、暫定的な決算報告と全員での意見交換を行い、解散しました。

以上のように、二〇〇九年の販売はかなりの盛況となり、五日間で五八万円の売り上げとなりました。昨年より期間が一日短かったにもかかわらずトータルで七万円も増え、一日平均ではこれまでで最高の一二万円を記録しました。もし、もう一日長くやっていれば、初回の六七万円（七日間）の記録を超えていたかもしれません。「経済状況が厳しい中、今年は四〇万円くらいでは、と内心思っていたので、正直驚きました」と子島先生が言うくらい、予想を超えての売り上げ増となりました。

政権交代のかかった衆議院選挙と時期が重なり、各社とも多忙とのことで、この年は記者会見を行うことができませんでした。販売中の取材も数えるほどで、新聞各紙での掲載は激減しました。その点、ケーブルテレビのCMや上毛新聞シャトルでのおすすめ商品連載といった形で情報発信の手段を確保できたことは、非常に大きかったと思います。そして何よりも、「今年も待っていましたよ」と声をかけてくださるお客さんの支援が、売り上げ増につながったのでしょう。一年生の時から四年間にわたり販売に参加し続けているただ一人のボランティア学生として、中尾乃絵さんも次のようにコメントしています。

「ここ数年でお客さまも変化してきました。初めの年はフェアトレードを知らない方が多かったのですが、年を重ねていくに従い、『この売り上げがこの人たち（生産者）に行くんだよね？』とわかっていただけることが多くなってきました。四年間ずっと楽しみに来てくださる方もいて、活動が伝わっていることをうれしく思います」

中尾さんは在学中にアジアやアフリカの国々を訪問し、見聞を広める一方で、「国内でできる国際協力」としてフェアトレードにも熱心にかかわってきました。卒業論文では、実際に調査したセネガルの女性と開発の問題を取り上げ、最優秀賞を受賞しています。

サークルとしての最初の販売でリーダー役を務めた岡村さんは、「百年に一度の不況なんか吹っ飛ばしてやる」くらいの気合いで頑張ったそうです。「立ち上げから販売終了ま

商品の配置も、初期に比べると立体的で魅力的なものへと変化

で本当に大変だったけど、売れるとやっぱりうれしいです。去年も来てくれた人がまた来てくれたり、新聞記事を手にこの商品が欲しいというお客さんもいて、だんだん広まっている気がします。今回は、棚を買って、おすすめ商品は一段高く配置するなど、ディスプレイ方法にこだわりました。販売中も、より商品を手に取りやすくするディスプレイをみんなで考え、閉店後に配置換えを毎日行っていました。開催中に何度か足を運んでくださったお客さまには、おそらくそれがわかったと思います。買い物を通して、身近な国際協力をしていただけたことに感謝でいっぱいです」と話してくれました。岡村さんは二〇〇八年の販売に参加した後、フィリピンのサウスウエスタン大学に半年間留学して、またフェアトレードに帰ってきました。

また今回は、板倉キャンパスを知らない国際地域学科一年生も四人が参加しました。それぞれが、販売の成果報告書に次のようなコメントを寄せています。

「初めての販売は、右も左もわからないことだらけで、戸惑ってばかりでした。初日は、自分で何をしたらいいのかわからず、ただ先生や先輩から受けた指示をこなすことしかできなくて悔しかったです。それでも日を重ねるごとに、少しずつお客さんとの接し方に慣れていきました。販売も片付けもすべて終わって、全員で報告をしたときは達成感を感じました。ごちそうになったアイスがいつもよりおいしくて、疲れがどこかへ飛んでいきました」（赤城尚子）。

「まず思ったのは、フェアトレードという言葉の認知度が低いということです。私自身も子島先生のお話を聞くまでは知らなかったし、家族や知人に聞いても誰も聞いたことがないと言っていました。実際に扱った商品は、私が想像していたよりも種類や色が豊富で使いやすく、デザイン性も高いものでした。誰でも喜んでくれるような商品ばかりで、小さな雑貨屋さんのようだと思いました。口頭で、新聞で、テレビで、その他さまざまな方法を駆使して、フェアトレードの輪を広げていくのが、私たちハートバザールの課題であり目標だということを、今回の販売で確認できました。フェアトレードの活動を通して、また違った視点から国際協力について考えることができました」（濱岡涼子）。

「私はハートバザールに入るとき、正直気兼ねをしていました。なぜなら、自分がやりたいのは、途上国に行ってボランティアとして直接国際貢献をすることであって、間接的な活動ではないと思っていたからです。学生の私には外国に行ってボランティアをするだけのお金の余裕がないので、あきらめてハートバザールに入ったのです。ところが販売に向けて準備をしていくにつれて、徐々にフェアトレードは実はすごい国際貢献だということに気付きました。自分が商品を販売していることの重みと、その後ろには生産者の生活があるということを実感しました」(前澤佐代子)。

「私は今まで全然フェアトレードのことを知らなかったので、最初はとても不安でした。今年はあまり多くのことにかかわれなかったのですが、お客さまが興味を持ってお店を見てくれたとき、何かを買ってくださったときはとてもうれしかったです。今回の販売に参加して、ますますフェアトレードに関心を持ちました」(船津みゆみ)。

子島先生のコメントです。「五年間暮らし、その間に二人の子供が生まれた館林にはとても愛着があります。今回は、一家で一週間つつじが岡パークインに泊まって、『里返り』できて楽しかった。たしかにサークル一年目ということもあり、誰がメンバーなのか把握しきれていなかったり、シフト編成が遅れたりといくつか問題はありました。学部移転で館林までの交通費の負担が大きくなったことも、今後の課題として考える必要がありそうです。しかし全体としてはうまくいったので、次の展開が楽しみです」

ショッピングセンターのマネジャーの橋本智徳さんはこう言っています。「夏が来ると、今年もフェアトレードの時期が来たなあと感じ、販売が自分の中で恒例行事になってきている。学部が移転してどうなるかと思ったけど、このまま後輩に引き継がれていくと良いと思う」

──五年間の成果と今後の展望

子島ゼミのフェアトレード活動が始まって今年で五年が経過しました。最初は小さな活動で、子島先生も果たしてどこまで広げられるか見当がつかなかったようですが、魅力的な商品を買い物すると国際協力になるという手軽さが、ボランティアで参加する学生にも買い物に来てくれるお客さんにも浸透してきたようです。記者会見、おすすめ商品の新聞連載、海外研修、CM作成など、年々その活動は多様なものとなってきました。

販売では、フェアトレードを知らなくても、商品を気にいって購入する方も多くいらっしゃるようです。国際協力というと、衛生状況や治安に問題のある地域へ行くんだろうという、なんだかシリアスで大変そうなイメージがありますが、フェアトレードは「手軽に楽しく国際協力できる」ことを提示していると思います。「国際協力なんて自分とは無縁」と思っている人にもいいきっかけになります。

夏の販売では単に売り上げを伸ばそうとするのではなく、学生が商品について勉強し、それを情報発信するというスタイルが定着してきました。「おすすめ商品の連載を見たよ」

と言ってくれるお客さんも増え、その効果を感じています。毎年販売の様子を、新聞社や

館林ケーブルテレビに取材していただいていることで、参加学生はとても力づけられてい

ます。

販売には、国際地域学科の学生だけでなく、東洋大の他学部の学生も参加するようにな

りました。「北星フェアトレード」や「ぺぱっぷ」といった他大学のフェアトレード団体

との交流も生まれました。また、館林市の市民協働課を通して、二〇〇八年から地元の中

学生と国際交流まつりで販売を行ったり、ＣＭを一緒に作ったりと、地域にも活動の輪が

広がりつつあります。

二〇〇九年三月には、東洋大学社会者貢献賞を受賞といううれしいできごとがありまし

た。四月には、フェアトレードサークル「ハートバザール」が結成され、販売を行うよう

になりました。サークルとなったことで、団体との交渉や商品知識がうまく後輩たちに引

き継がれていくことを期待します。

一年生から欠かさず夏の販売に参加し続けている中尾乃絵さんは、これまでの経過を次

のように振り返っています。「子島ゼミは常に挑戦をしてきたと思います。記者会見、新

聞の掲載、ＣＭの作成や他団体との連携など毎年新しいことを加えて、販売方法やディス

プレイも少しずつ改良されてきました。前の年の経験、特に失敗が次の年にしっかりと生

かされているのは、きちんとした報告書を作っているからだと思います」

今後の活動について、二〇〇九年の販売のリーダーを務めた岡村朱乃さんに聞いてみました。「夏のイベントをもっと盛り上げていきたいです。今年はぺぱっぷと北星の二団体の参加でしたが、他にも自分たちもという大学サークルがあります。夏の販売期間中に日本中の大学生が館林に集まり、合宿しながら一緒に販売できたら楽しいと思います」

二〇〇九年の販売では、昨年に引き続き利益を出すことができました。〇八年の利益はハートバザールの基金となりましたが、〇九年はこの利益を使って、「もっと国際協力」するこことになりました。まず、秋学期の二年生の子島ゼミが「絵本を届ける運動」に参加しました。これは、この年の販売から新たに加わったシャンティ国際ボランティア会の活動です。子供の図書がほとんど出版されていないカンボジア、ラオス、アフガニスタンなどへ日本の絵本を送るのですが、翻訳文のシールを貼り付けるという簡単な作業を通して誰でも気軽に参加できます。シャンティに連絡すると、絵本に加えて、翻訳シール、お名前シール、そして作り方の説明書が送られてきます。今回は『ちびゴリラのちびちび』『11ぴきのねことへんなねこ』『まっくろネリノ』『にんぎょひめ』の四種類を、十八人のゼミ生で完成させました。費用は一冊あたり二二〇〇円で十五冊頼んだので三万三〇〇〇円。これに返送料として七〇〇〇円がかかりました。

後日、シャンティの事務所を訪れた二年生のゼミ生のコメントです。

「今まで国際ボランティアというと大変そうなイメージが強かったのですが、実際にやってみると絵本を作る作業も楽しく、思ったよりも簡単でした。達成感が得られるし、さまざまな言語に触れるいい機会になりました」（小林南）。

「日本には素晴らしい絵本がたくさんあるので、子供たちにいっぱい読んでもらって、絵本からいろいろと学んでほしいと思います。翻訳シールを貼る側も絵本に触れるいい機会となり、お互いにとってプラスになる活動だと感じました」（桑田理沙）。

「ゼミで作ったときは楽しいものでしたが、シャンティでお手伝いしたときは同じ作業の繰り返しで大変でした。お話を聞いて、この活動を継続していくのが人件費や材料費の面からも大変だということを知りました。仕事が休みの日にボランティアで来ている男性がいましたが、疲れるまで作業をしている姿を見て感動しました。私もまたシャンティでボランティアをしたいと思います」（吉岡知美）。

「ゼミ生みんなの達成感や作って良かったという思いが詰まった絵本を、ちゃんとシャンティに送ることができてよかった」（宮崎志帆）。

このシャンティの活動を見習って、東洋大国際地域学部と関係の深いセブ島（フィリピン）のストリートチルドレンに絵本を送ろうという話が、ハートバザールで持ち上がりました。〇九年度から国際地域学科の教授となったフィリピン人のピケロ・バレスカス先生に、セブアノ語への翻訳作業を指導してもらうことになっています。子島先生も絵本をウルドゥー語に翻訳して、パキスタンに送りたいと考えているそうです。夏の販売に参加したファイバーリサイクルが長年カラチの学校を支援しているので、このNGOを通してニーズを具体的に確認し、届ける予定です。

さらに、「自分たちはフェアトレードに関する知識がまだまだ足りない。お客さんにきちんと説明できていない」という反省から、講演会も実施しました。二〇一〇年二月七日、三浦史子さんを東洋大白山第二キャンパスにお招きして、お話をうかがいました。この講演会は、三浦さんの著書『フェア・トレードを探しに』の書評を子島先生が書いたことがきっかけで実現しました。書評には次のように記されています。

フリーランスのライターである三浦氏が世界中の現場を訪ね歩き、インタビューしてまわった労作である。特に生産者の生活状況やコミュニティーの様子、そして彼女たち／彼らのフェアトレードに対する意見を活写している点が、本書の価値を高めている。取材に三年間以上かけたというだけあって、『フェア・トレードを探しに』には、数々の現場を歩いたことによって得られた知見が数多く盛り込まれている。インド、ヨーロッパ、アフリカ、そして日本。さまざまな場所において、さまざまな角度からフェアトレードを検討しており、その良さと問題点の双方が具体的に提示されている。内容が非常に濃密なものであるため、二読三読に値する。

サークルのお金でこの本を五部購入し、メンバーで回し読みをしました。そして一、二年生を中心に、事前に三回の勉強会を重ねて講演会に臨みました。今回は初めてということもあり、大々的には告知しませんでしたが、口コミでフェアトレードに関心のある高校生や他大学の学生、そして社会人も参加してくれました。このサークルでの講演会（勉強会）は今後も続けていくということです。

最後に、報告書を読んだり先輩たちから話を聞いたりして、五年間の活動記録をまとめた私たちゼミ生のコメントです。

「生産地にはバングラデシュとフィリピンに足を運んだので、今度はフェアトレードが浸透しているヨーロッパへ研修に行ってみたい。イギリスのフェアトレード・タウンへの取り組みを学んで、館林にも取り入れられたら面白い」（塚田康介）。

「夏の販売前に、プレイベントとして館林の公民館でフェアトレード料理教室を開いてはどうでしょうか。私たちもゼミで、カレーやピザ、チキンのワイン煮といったものをフェアトレードの食材を使って料理してみました。料理することで商品に関する知識も広がり、とても楽しかったです。販売ＰＲと同時に地域との交流にもなります」（市井智子）。

「東洋大学の他学部にもハートバザールを広めたい。それぞれの学部生が学部学科の特色を出したブースを夏の販売で並べたらいい。ライフデザイン学部の子供支援学専攻ならベビー服やおもちゃ、生命科学部の食環境科学科は有機栽培のコーヒー・紅茶の特売をしたらいいんじゃないか」（安西孝史）。

「海外でフィールドワークを経験してきた学生たちが、日本でできる活動としてフェアトレードが広まって欲しいです。実際に見てきた現地の話をすることで、お客さまや仲間の学生に商品の背景を深く説明できると思います」（大石真夢）。

「つつじのワンポイント刺繍をあしらったコースターを、バングラデシュで作ってもらって、館林の観光ＰＲにも役立つオリジナル商品として販売したらどうでしょうか」（石附さゆみ）。

このように新しいアイデアはどんどん出てきます！　今度はどんな活動をしようかと考えるとわくわくします。これからも楽しみながら国際協力を広めていきたいと思います。

幕間その一 バングラデシュの刺繍に挑戦

シャプラニールの「ノクシカタ体験キット」(五〇〇円)を使って、バングラデシュの刺繍ノクシカタを手軽に体験することができます。象と花の二種類があり、セットには糸、下絵が書いてある布、説明書が入っています。私たちゼミ生は、フェアトレードをより生産者の目線で感じてみようと、慣れない手に針を持って挑戦してみました。

まず、花に挑戦した市井智子です。「刺繍は初めてでしたが、体験するのが楽しみでした。空いた時間を利用して、楽しく縫うことができました。特に花の部分は、糸がからまったりして、なかなかうまくいきませんでした。しかし、縫い進めていくうちに、うまくできるようになりました。完成を目指して縫っていくと、私はどんどん刺繍に夢中になっていきました。合計で十七時間ほどかかりましたが、何度も失敗を繰り返した分、完成した時は達成感があり、とてもうれしかったです。実際に刺繍を体験してみて、作り手の大

市井智子の花

変さや、商品の質の高さを感じました」

続いて安西孝史です。「制作には十六時間もかかりました。刺繍のサイズがとても小さいため、細かい作業を必要とします。僕のように指が太いと、花びらのようにだんだん細かく縫わなければならないところが非常に難しい。体験キットのように小さな刺繍でも十時間以上かかるのに、生産者の女性たちはその何十倍もあるサイズのノクシカタを三週間で仕上げてしまう！バングラデシュの女性の手先の器用さ、技術の高さに驚かされました」

続いて石附さゆみです。「ノクシカタを完成させた瞬間、うれしさと共に、『やっと終わった〜!!』という大きな達成感がありました。完成までかかった時間は十七時間以上、長かったです。五日間かけ、コツコツと刺繍しました。刺繍を始めると、時間はあっという間に過ぎました。少しずつできていくのを見ると楽しくて、気づいたら四時間近く連続で刺繍し続けた日もありました。しかし、数えきれないくらい何回も糸が絡まって、その度に糸を解いてはやり直し、苦労しました。特に難しかったのは、だんだん幅を狭くしていかなくてはいけない花びらの部分で、うまくできなくて悔しかっ

石附さゆみの花

たです。糸でうまく模様を作り出すには、ミリ単位の細かい範囲で一針一針どこに刺すかきちんと考えなければならず、予想以上に集中力を使いました。体験後に、あらためて手元にあるブックカバー（商品）を見て、技術の高さをすごいと思うとともに、なんだか温かい気持ちになりました」

嶋田拓真は、刺繍が好きというお母さんに体験してもらうことにしました。お母さんは、さすが慣れているだけあって、時間もあまりかからず、楽しく作業できましたとのことです。「日本ではあまり見ない模様です。このノクシカタを、手で縫って生計を立てているのはすごいことだと思います。日本でも、昔は手作業でしたが、今はほとんど機械に頼っています。機械に頼ることがいけないとは言えません。しかし、手作業でお金を稼ぐということは大変ではありますが、とても意味深いことだと思います」（嶋田典子）。

次に、象グループの体験談です。裁縫などしたことのない塚田康介は、最初「小さいし簡単そうだな～」と始めたのですが、たった一時間で飽きてしまいました。母親に頼むと、しぶしぶ引き受けてくれたそうです。塚田希美代さんのコメントです。「いつもの家事

嶋田典子の花

をこなしながら合間をぬって、四日間合計六時間で完成させました。裁縫はもともと得意なのですが、細かい作業が多い割に、下絵がアバウトでわかりづらく、やりにくかったです。それでも、見ただけだとこの刺繍の大変さはわからないので、ぜひ自分でやってみることをお勧めします」。ゼミ生と比べると、ここに登場した二人のお母さんの作品はさすが！というレベルに達していました。

最後は、大石真夢です。「針と糸を持つのは小学校の家庭科以来。少し裁縫道具の扱いに戸惑いながら、刺繍をはじめました。集中して縫っていると目が疲れてしまうので、お気に入りのジプシー音楽をかけ、のんびりとチャイを飲みながら作業しました。二〇〇八年、バングラデシュの村で見た女性たちの様子を思い浮かべました。彼女たちは、時折おしゃべりを楽しみながらも、手際よく針を進めていました。ノクシカタに込められている手間と時間のあたたかさをあらためて感じました。何度も自分の指に針を刺して痛い思いをしたり、糸が絡まってしまったりしましたが、私の不器用さを知る家族は笑いながらも見守ってくれました。色の組み合わせに悩みながら四日間、約十五時間かかって完成しました。象は幸せを運んでく

長澤奈津子（卒業生）の象

れる、富のシンボル。その象さんの背中を縫いながら、ハッピーをもらった気がしました。

普段は刺繍に触れる機会のないゼミ生。例外なく予想よりも大幅に時間がかかり、苦戦しました。「難しかった」というのが共通の感想です。不慣れなことに加えて、説明書がわかりにくいのが原因だと思います（大石は、説明書からは縫い方を理解できず、結局自己流で縫いました。「糸が足りなかった」「下絵がもう少し丁寧だといいのに」という意見も共通するところです。これらの点が改善されれば、もっと魅力的な商品になると思います）。

最後まで刺繍を完成させたゼミ生は、大きな達成感を味わい、楽しさを満喫しました。生産者を身近に感じることもできました。

大嵜晃子（卒業生）の花

ジュースパックのバッグを作る女性たち（フィリピン・セ

第二部

生産者のコミュニティー

第二部では、生産者のコミュニティーに焦点を当てて、話を進めていきます。第一部でも登場した、バングラデシュ農村の伝統を生かしたノクシカタとフィリピンのスラム住民のアイデア商品であるジュースパックのリサイクル・バッグ。この二つを作っている人々の生活と商品について紹介します。

フェアトレードは「顔の見える貿易」とも言われますが、どちらもゼミ生たちが訪問した場所です。二〇〇六年にはバングラデシュの農村を、二〇〇八年にはフィリピンのスラム（都市部の貧困地区）を訪れ、生産者のコミュニティーの実情について学びました。特に〇八年は、セブ島のスラムに暮らす女性たちが作るリサイクル・バッグやネックレスを直接買い付け、その後の学園祭でスラムの生活を紹介するポスターを展示しつつ、販売しました。

二―一　フェアトレード商品のかくれた物語――バングラデシュのノクシ・カンタ刺繍

五十嵐理奈

ここでは、フェアトレードの主力商品の一つであるバングラデシュの手刺繍布製品ノクシ・カンタ（本書ではノクシカタとも表記しています）を取り上げます。まずは、生産者の女性たちとその生活について、そしてノクシ・カンタが誕生するまでの歴史と現在の生

ノクシ・カンタ
BRAC（バングラデシュ農村向上委員会）アーロン「黄金のベンガル／壁掛け」2000年、福岡アジア美術館所蔵

産システムについて述べていきます。

作り手の女性たちとその生活

一九八〇年代から本格的に生産されるようになったノクシ・カンタは、現在、実にさまざまな商品展開をするようになりました。その始まりは、一九七〇年代後半、開発援助を行うＮＧＯが主導した手工芸品の生産事業にあります。ノクシ・カンタという語は、「模様の」を意味するノクシと、「刺し子の布団（キルト）」を意味するカンタからできています。庶民の日用品である刺し子の古布カンタが商品化される中で、本来のカンタとは異なる「商品としての刺繍布」を指し示す呼び名として社会に広まりました。

ノクシ・カンタの商品企画、デザイン、生産を行っている大手の団体として、ＢＲＡＣの手工芸品部門である「アーロン」、ヒンドゥー財閥の財団「クムディニ」の手工芸品部門を挙げることができます。そのほかにも、草木染にこだわる「オロンノ」や日本の青年海外協力隊とバングラデシュ農村開発局の協力で生まれた「カルポリ」など、ノクシ・カンタ生産にかかわる団体は、数え切れないほどに増えました。それに合わせて、さまざまな種類のノクシ・カンタが作られるようになっています。

では、どのような種類の商品が作られているのでしょうか。まず、どのノクシ・カンタにも必ず刺繍と刺し子が施されています。商品の種類としては、ベッド・カバーやタペストリー、絵画のように額装されたものなど一枚布の大きなサイズのものから、サリーやショールなどに刺繍を加えた衣料品、またクッションカバーやポーチなどの小物にも応用されています。これらの商品は、生成りの白や赤、黒色の木綿布に、人物や動物、鳥、草花などの模様が、さまざまなステッチを組み合わせて、色あざやかな糸で刺繍されたものです。模様が刺繍されていない布地の部分には、布と同じ色の糸で平縫いによる刺し子がされています。製作団体は、ノクシ・カンタに特徴的な基本デザインとステッチに加え、消費者のニーズに合わせてアレンジを加えた商品をつぎつぎと発表しています。

現在、バングラデシュでノクシ・カンタが多く生産されている地域は、首都ダッカから北へ二時間ほど行ったジャマルプールと西部のインドに近いジョソールです。どちらの地域も、ノクシ・カンタのルーツである刺し子の刺繍布カンタが精巧に作られてきた地として有名です。ジャマルプールには、バングラデシュ最大のNGO、BRACが大規模な直営の手工芸品生産センターを設けています。周辺地域に住む女性たちはこのセンターに通い、刺繍作業だけではなく、刺繍布をさまざまな製品にするための縫製などの仕事をしています。

一方、ジョソールには、NGOの大きな生産センターが一つあるのではなく、BRACやクムディニといった大規模NGOから委託を受けた中小規模のNGOの手工芸品センターがあちこちに点在しています。これらのNGOは、地域の女性たちを集めて技術指導して刺繍製品を作っています。そして、完成した製品を取りまとめて、大規模NGOに納品するのです。ジョソールは、特に、カンタの非常に繊細な刺繍技術が受け継がれてきたことで有名な地域です。現在、博物館などに保存されているカンタには、かつてジョソールやその周辺地域で作られたものが多くあります。このジョソールで行った調査に基づき、作り手の女性たちについて述べていきます。

手工芸品生産センターでの仕事

ジョソール市内に本部があるバチテ・シカ（「生きる方法を学ぶ」の意）という中規模NGOでは、大規模NGOであるBRACやクムディニからの委託を受けて、ノクシ・カンタを製作しています。市内にある手工芸品センターの他に、農村部にも直営の小さなセンターがいくつかあります。

その一つがフドラジャプール村のセンターです。このセンターでは、二十年にわたり刺繍をしてきた年配の女性がリーダーとなり、その日にすべき刺繍の全体量や進み具合に合わせて、作り手の女性たちに指示をだしています。そして、週に一度程度、本部のNGOスタッフが全体の進捗《しんちょく》状況のチェックに来ます。バングラデシュでは金曜日がお休みなので、土曜日から木曜日までの六日間、朝十時から午後四時までの六時間程度、刺繍の作業が行われています。作り手の女性たちは、センターに来るまでに、家畜への餌やり、朝食の用意、子供や夫を学校や仕事に送り出すなど、さまざまな家事を済ませています。十時から一時くらいまで、センターでミーティングや刺繍作業をして、お昼には自宅に戻ります。そして、家畜に餌をやったり、自分たちの昼食や夕食の下ごしらえなどをしてから、再びセンターに戻ります。そして、日が落ちて暗くなる前に刺繍の作業を終え、帰宅します。

バチテ・シカ全体で刺繍をする女性たちは、十代から三十代くらいまでの約三百五十人ですが、フドラジャプール村のセンターに毎日通うのは十五人程度です。子育てや介護など家庭の事情で毎日通うことのできない女性も、刺繍の糸が足りなくなったり、指示されたステッチがわからなくなったりするとセンターを訪ねてきます。そして、最後に刺繍が完成すると納品に来て、賃金を受け取ります。家で刺繍をする女性たちは、この村には二十人程度いますが、彼女たちはセンターに毎日通う女性が得ている日給はもらうことができません。実際、自宅での刺繍には、子供や家畜が布を汚したり、間違った色使いやステッチのまま完成させてしまうというリスクがともないます。指示と異なる刺繍や細かく難しい部分を、センターに通ってくる高い技術を持った女性たちが手直しをして、大規模NGOの製品チェックをクリアできるように仕上げていくのです。バチテ・シカでは、女性たちの刺繍技術を高めるために、二週間泊まり込みの技術訓練を年二回行っています。訓練をとおして、技術を高めるだけでなく、女性たちに家族のためにカンタを作ることとノクシ・カンタという製品を作ることの違いを理解してもらうことも重要です。

ノクシ・カンタ製作が女性にもたらしたもの

かつて娘や家族のためにカンタを作っていた女性たちが、今やカンタを作ることを控え、ノクシ・カンタを製作して現金収入を得るようになっています。手にする賃金の額は、刺繍布の大きさ、難易度や密度、また家で作業するか手工芸品センターに通って作業するかといった労働の形態などによって異なります。賃金の支払いも、でき高払いのほかに、基本給にでき高給を合わせたり、小麦などの現物支給と組み合わせるなど多様です。こうして得た現金は、夫が不安定な日雇い労働者である場合などは生活費の足しにしたり、マイクロ・クレジットのローン返済や子供の教育費などにあてたりします。現金収入は、女性たちに自らの力で生活する自信を与えると同時に、世帯内での夫婦間の力のバランスにも変化を生んでいます。何のために、何を買うのかといった基本的な選択権を、多少は女性が握れるようになったのです。

また、女性の農村における生活にも変化が生じています。ノクシ・カンタ製作に参加する女性たちは、それまで許されていた行動範囲である集落や村を越えて、手工芸品センターに通うようになりました。周囲の理解を取りつけて外出した女性たちは、それまで顔を見たこともなかった隣集落の女性たちと出会い、仲間をつくることができるようになりました。既存の社会的境界を越えた女性たちは「自分は手工芸品センターで刺繍をする多くの女性の一人なんだ」「バングラデシュ全土で同じようにノクシ・カンタを作る女性の中の一人だ」という自己を相対化する視点を得るようになりました。ノクシ・カンタは、女性たちの生活を経済的に支えるだけではなく、行動範囲を広げ、仲間をつくるといった新しい社会関係をもたらしたのです。

調査を行った村では、作り手の女性に、いくつかの共通点がありました。多くが離婚や父親の家庭放棄などにより世帯に男性が欠落しており、女性自身が現金収入を得なければ生活できないという経済状態にありました。そのため地域の人びとは、女手一つで子供を育てている女性、夫に逃げられた女性など、男性が欠落した世帯で四苦八苦する見捨てられた女性という共通のイメージを持っていました。さらに、「ノクシ・カンタを作る女性」

とは、NGOによって手工芸品製作プロジェクトに組み込むべき対象、すなわち経済的に貧しく、援助を与えるべき対象だとみなされたことを意味しています。社会的に弱い立場にある女性を対象とすることは、貧困緩和をめざすNGOとしては当然のアプローチですが、皮肉にもそれが同時に女性たちを「ノクシ・カンタ製作をしなくては生活が苦しい世帯の女性」というカテゴリーに押し込めてしまったのです。こうしたイメージで表象されたくない女性たち、また中流階級を自認する世帯の女性たちは、たとえ経済的に困窮しても決してノクシ・カンタ製作にはたずさわろうとはしませんでした。作り手の女性たちは、経済的な困窮状態からは脱却できても、社会的な貧困のレッテルからはなかなか脱却できないのです。

賃金労働に徹する女性たち

バングラデシュでノクシ・カンタ製作が行われるようになって三十年以上が過ぎました。作り手の女性たちは、長い経験を積んだベテランとなり、一定の収入を得るようになっています。しかし、現金収入を作り出すという一つの課題に答えを出せるようになると同時に、別の課題が浮かび上がってきているように思えます。それは、ノクシ・カンタの製作が、女性たち自身が起業したり、デザインを自分たちで創造するといった、何か主体的な活動へと結びついていないということです。作り手にとってのノクシ・カンタ製作が、製作時間や技術力と引き換えに、現金を得る手段以上のものとなっていないのです。この点はカンタと対照的です。自分で自由にデザインをして、自分が想う人のために作ったカンタに対して、ノクシ・カンタは、指示通りに刺繍し、納期に間に合うように作るものであり、「似て非なるもの」なのです。ノクシ・カンタには、思い思いの夢や希望を託した模様を描きこんだりすることはできないし、少しでも良いもの作りたいという職人的な欲望もあまりみられません。生産から流通、販売までの総合プロデュースをNGOが行う一方で、作り手の女性はその末端の賃金労働者に徹しているのです。これまでのNGOの主たる目的が女性の現金収入や社会的自立にあり、ノクシ・カンタを作るという仕事そのもののさらなる可能性を、女性たち自身が切り開いて行く方向へと導くアプローチをしてこなかったのです。一つの達成が、次の時代に克服すべき課題となることは、開発援助に限らずあらゆる分野で見られることです。NGOや生産者の女性たちがこの課題に取り組んで行く方向性をどのように見いだしていくのか、注目していきたいと思います。

ノクシ・カンタのルーツ、母の手作りカンタ

ここでは、カンタからノクシ・カンタへの歴史的変化を追ってみましょう。

ノクシ・カンタのルーツは、ベンガル地方で古くから、庶民の日用品として作られ続けてきたカンタと呼ばれる刺し子の古布です。古く柔らかくなった女性用の衣服サリーや男

カンタ　1909年にヒンドゥー教徒の女性が結婚式の贈り物として製作
(所蔵：Shilpacharya Zainul Abedin、写真提供：福岡アジア美術館)

性用の腰巻き布ドーティーなどの木綿布を四、五枚重ね、その上にびっしりと全面を覆い尽くすように白糸で平縫いを施して作ります。布を丈夫にしたキルト、衣服のリサイクルなのです。その起源は紀元前にさかのぼり、語源には「苦行者の羽織っていた継ぎ接《は》ぎ布」という意味があります。ぼろ布をはぎ合わせて作られたカンタは、元来貧しい人々の間で使われたものであり、「赤貧の象徴」とされていました。現在のノクシ・カンタが、華やかで高級な手工芸品として販売され、都市の裕福な中流階級の贈り物となっているのに対して、昔のカンタには正反対の意味があったわけです。

カンタの模様とデザイン

カンタの種類は、おおまかに二つに分けられます。一つは、ぼろ布と言うにふさわしい、古い布を継ぎ合わせ、平縫いを施しただけの簡素な刺し子の布です。日本でも、古くなった布やはぎれで、座布団やぞうきんを作っていたことを考えると、布を大切に使い、再利用するという共通点があります。もう一つは、刺し子の平縫いに加えて、動物や神さま、植物などの模様刺繍を施した装飾的なカンタです（これを、ノクシ・カンタと呼ぶこともあります）。この模様部分は、サリーの裾の色のついた装飾部分を裂いて糸を抜き取り、その色糸で刺繍されました。模様には、当時の女性たちが日常生活で目にするもの、たとえば牛や鳥などの動物、花や蔦《つた》などの植物、鍋やイヤリングなどの生活・化粧用品、箕《み》や脱穀機などの農耕器具が刺繍されました。また、イギリス植民地時代に新しく入ってきた鉄道や自転車、時計なども、針と糸とで細かに描かれました。これらの模様からは、当時の女性たちがどのようなものに目を向け、興味を持っていたのかが見えてきます。

基本的なデザイン構成としては、中心に神さまが降臨する座としての蓮《はす》の模様、四隅からペーズリーや生命の樹などの植物模様が中心に向かって伸びるように配置され、長く続く繁栄が願われます。さらに、カンタを使用する目的（礼拝用とか結婚式用とか）にふさわしい模様がぎっしりと刺繍されました。模様の種類や刺繍のステッチの技法は、ベンガル地方の中でも地域や宗教によって異なっており、それぞれに特徴あるデザインが発展しました。現在のノクシ・カンタのデザインは、ＮＧＯの手工芸品開発部門のデザイナーが、多様なカンタのデザインをあちこちから引用して組み合わせ、新しく作ったものとなっています。

カンタは、あらゆる宗教、年齢、階層のベンガル女性によって作られてきました。カンタのみならず、ベンガルの女性たちは、アルポナと呼ばれる装飾的な床絵（主にヒンドゥーの儀礼のために、花や草木模様を家の土間などに描くもの）や、ノクシ・ピタと呼ばれる模様を押し写した米粉のお菓子などを作ってきました。生活を彩る装飾文化を女性たちが担ってきた伝統のうえに、バングラデシュの女性たちは、今ノクシ・カンタ刺繍をしています。

カンタは、結婚式や宗教儀礼の際に床に敷く敷布や座布団としたり、来客用の布団や赤ちゃんのおくるみとするなど、実際の生活の中で、家族や親戚が私的に用いるものとして作られていました。とくに娘が嫁ぐ時には、母親が数年間かけて作ったカンタを大切な嫁入り道具として持たせてやりました。よいカンタを作ることのできる母親の娘は、家事をきちんとこなす理想的な嫁になるとされ、嫁選びの指標としても機能していました。カンタは単に美しい刺繍布というだけではなく、母親と娘、娘と嫁ぎ先の家族とを取り結ぶ社会的な役割も果たしていたのです。

このようにカンタは、職人が生業として作るものでもなく、また家庭の女性が副収入を得るために作るものでもなく、商品として売買されることのない庶民の日用品だったのです。

カンタの衰退と再発見

しかし、南アジアの政治的混乱の中でカンタも衰退していくことになります。二世紀以上続いたイギリスの植民地支配が終わった一九四七年、パキスタンとインドという二つの国が別々に独立しました。このとき、ベンガル地方は、西半分がインド、東半分がパキスタンに二分されました。この東半分が、後に再度独立しバングラデシュとなる地域です。ベンガルの文化には、仏教、ヒンドゥー、イスラームなどさまざまな宗教による重層性が見て取れます。しかし、パキスタンがイスラームを旗印に独立したため、東パキスタンのこうした「不純な部分」は嫌われることとなったのです。ベンガル文化に根ざした詩歌や村芝居、そしてカンタなどの文化芸術表現は、このような政治的背景や、その後の独立戦争のために徐々に衰退していきました。

カンタが失われ、女性たちが次第にカンタを作らなくなる状況に対して、ベンガルの文化知識人や芸術家らは危機感を抱き、ベンガルの大地に根づいた文化の重要性を主張し始めました。こうした主張がなされた六〇年代中頃は、西パキスタンからの抑圧に対して、東パキスタン（東ベンガル）が抵抗運動を強めていた時期でした。ベンガルの文化知識人らは、カンタを生まれては消えていく日用品ではなく、保護し復興させるべきものとして再発見し、さらに「民俗芸術」であると価値づけました。こうして、新生バングラデシュにおいては、カンタに対して「民俗芸術」という価値が付与され、その後、日用品のカンタが「手工芸品」へと展開していくことになります。

バングラデシュは、七〇年代前半、独立戦争、干ばつ、洪水、飢饉などの緊急事態につぎつぎと見舞われました。特に独立戦争では、カンタの担い手である多くの女性が夫や家族を亡くしました。生活手段を失った女性たちを救うために、国内の女性知識人や社会活動家が中心となり、国内外のNGOとともに、女性たちが現金収入を得て、社会復帰できるような方法が模索されたのです。活動家たちは、少ない元手で始められる仕事を探し、女性たちの高度な刺繍の技術に注目しました。そして、手工芸品の生産事業を立ち上げると同時に、販路も開拓していきます。都市に住む人々が、独立戦争のなかで忘れてしまったベンガルの豊かな民俗芸術にもう一度気づくことを目指し、農村各地から手工芸品を収集し、それらを「手工芸品フェア」などで展示・即売したのです。

この活動の中心的な担い手は、高等教育を受けたバングラデシュの女性たちでした。ま

「ショナルガオン・ホテル」のロビーに飾られているノクシ・カンタのタペストリー（筆者撮影）

たノクシ・カンタの胎動期には、手工芸品生産を軌道に乗せていこうと、いくつものNGOが垣根を越えて組織横断的に取り組みました。組織ごとに技術やノウハウを独占しなかったことが、現在のように全国的にノクシ・カンタ生産が行われる下地をつくったと言えるでしょう。

一九八一年、国

内初の五つ星ホテル「ショナルガオン・ホテル」がオープンすると、ノクシ・カンタが国内外に初めて広く認知されることとなりました。このホテルの内装に、活動家らが村の女性たちとともに製作したノクシ・カンタが大きく飾られると、ホテルの宿泊者である政府や国際援助組織の関係者らの注目を集めました。このときこそ、刺繍布が家庭の日用品から、人々に鑑賞され、さらには商品として販売される「ノクシ・カンタ」となった転換点だったのです。その後、ノクシ・カンタは、広く一般社会に認識されるようになり、八〇年代半ばにはNGOによる手工芸品生産が全国的に広まっていったのです。

独立以来、バングラデシュは四十年近くにわたり、開発援助という形で諸外国との関係を結んできました。一方で国内のNGOは貧困緩和のために精力的に活動してきました。ノクシ・カンタの誕生と成長は、援助への強い依存を示すだけではなく、人びとの外来の援助への積極的なかかわり方を表してもいるのです。

開発援助プロジェクトとしての手工芸品生産事業

バングラデシュでは、本来国家が担うべき福祉や教育を、NGOが肩代わりしてきました。そのため、この国に住む誰もが、NGOや開発援助となんらかの関係を持って生活するようになりました。一口にNGOと言っても、国際NGO、外国NGO、バングラデシュNGOなど立場の違いがあり、また政府の一省庁に匹敵する大規模なものから、数人で

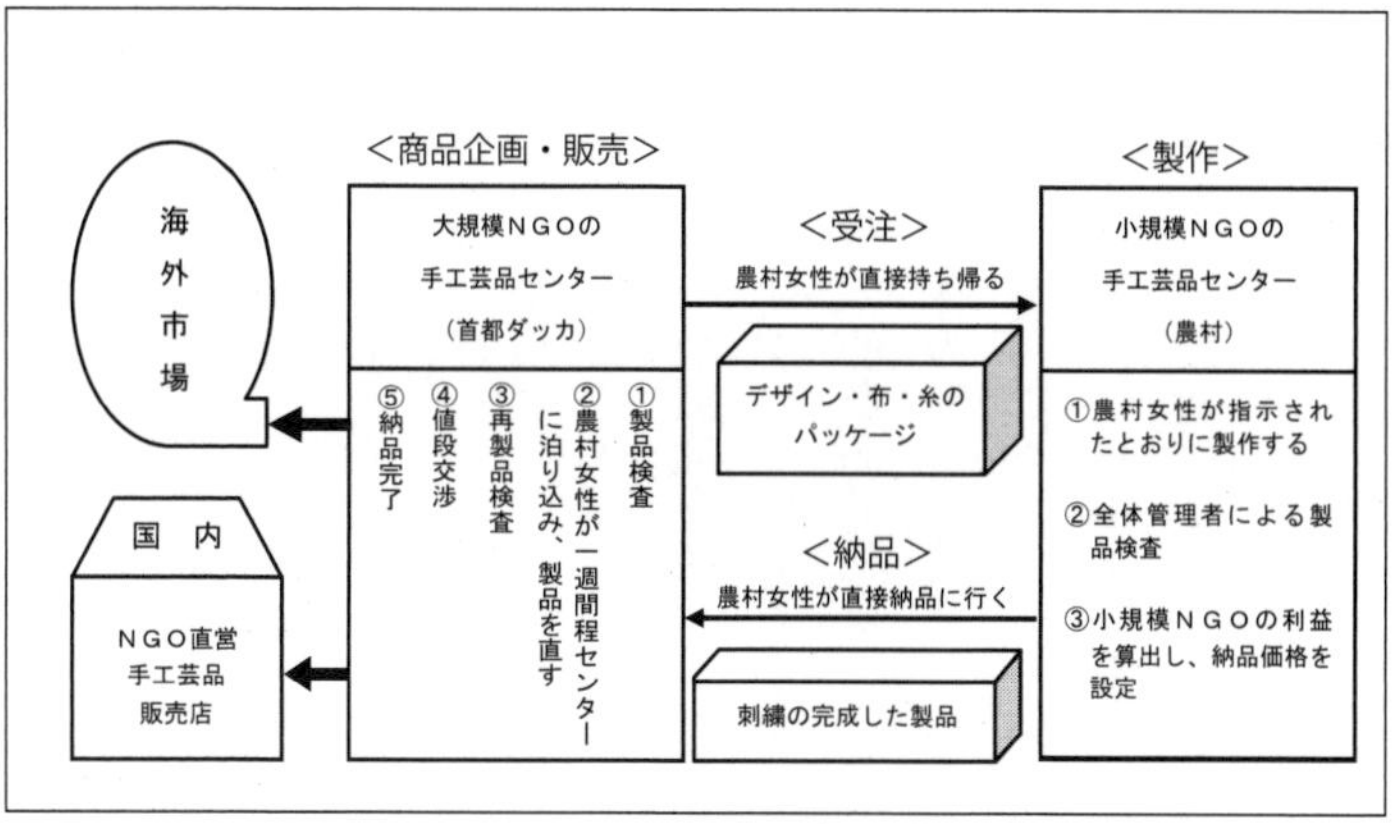

図1　パッケージ型の商品生産システム

行っている小規模なものまで、実に多様です。

その事業の一つである手工芸品の生産も、NGOの全国的なネットワークに支えられています。独立直後は、物品を与えるだけの緊急援助が行われていましたが、次第に農村全体の持続的な開発へと移行していきました。さらに、援助を必要としている人のもとに確実に支援の手が届くようにするため、受益者を貧困層のみに限定する方法がとられるようになりました。貧困層をグループ化し、小額の貸し付けを行うマイクロ・クレジット事業が始まり、同時期に手工芸品の生産販売事業も連動して広く行われるようになりました。多くの女性たちが、マイクロ・クレジットのローンを、手工芸品製作で稼いだ収入から返済しています。NGOが行う多くの事業は、このように相互に補完しあっています。手工芸品事業は、総合的な開発援助の一つとして始まり、広く展開するようになっていったのです。

現在、ノクシ・カンタの生産は、いくつかの大規模NGOが構築した生産から流通、販売までのシステムにのっとって行われています。全国に散在する小規模NGOはその傘下で下請け、孫請けして製作にあたっています。首都ダッカに事務所を構える大規模NGOは、商品を企画し、デザイン見本・布・糸を一つのパッケージにして、各農村の小規模NGOに発注します。下請けする農村部の小規模NGOは、農村女性を賃金労働者として組織の中に位置づけ、技術指導をしてパッケージに同封された見本品通りに、また納期までに製品を完成させるようにマネージメントします。小規模NGOのリーダーの女性たちは出来上がった製品を持って、自ら首都ダッカにある大規模NGOまで行き、それと引き換えに次の注文を受けてきます。これが「パッケージ型商品生産システム」（図1）です。こうした効率的な商品生産システムを機能させることによって、NGOは次第に利益をあげ、組織全体の運営経費を自己調達できるようになり、営利事業にも着手するようになっていきました。こうして、NGOは手工芸品生産をとおして貧困女性に現金収入をもたらす一方で、農村の貧困女性の安い労働力を用いた商品生産と販売を行い、利益を得る商業的性格をもった組織となっていったのです。

ノクシ・カンタの商品企画をするNGOは、現在、デザインや使用する素材、糸の染色方法などにおいて、それぞれに異なる独自の特色を打ち出しています。ノクシ・カンタの

ダッカ空港の携帯電話会社の広告看板

ルーツであるカンタには、地域や宗教によって模様やステッチにちがいがありました。一方、当然ながら、「パッケージ型商品生産」にのっとって全国で作られるようになったノクシ・カンタにはそのような地域差は見いだせません。そのかわり、ノクシ・カンタの生産が利益のでるプロジェクトとして軌道に乗り始めた七〇年代末頃から、ＮＧＯごとの独自性が打ち出されるようになり、「ＮＧＯブランド」が生まれています。ノクシ・カンタのデザインは、消費者や販売先のニーズに応えるものでなければならず、商品の種類、デザイン、色使いも多様化しています。こうした商品企画を行うため、ノクシ・カンタをはじめとした手工芸品のデザインは、国内外の大学で学んだ大規模ＮＧＯ専属のデザイナーが行う場合がほとんどです。カンタが、デザインも刺繍作業も同じ一人の女性の手によってなされていたのに対し、ノクシ・カンタになると、デザインはその多くを都市の高学歴の男性を含めたデザイナーが行い、刺繍作業のみを農村の貧困層の女性たちが行うというように分業化されて製作されるようになったのです。

おわりに

バングラデシュへ行けば、まずは空港で「ノクシ・カンタ」のデザインやイメージを用いた企業の広告や看板を目にすることでしょう。それから町中では、NGOなどが経営する手工芸品販売店に美しくディスプレイされたノクシ・カンタがあり、高級ホテルのロビーや大使館、企業のオフィスの受け付けなどにもしばしば飾ってあります。このように、ノクシ・カンタはフェアトレードの商品として作られているだけではなく、現在ではその全国的、世界的な広がりとともに、ネガティブなイメージで語られがちなこの国において、ポジティブな「バングラデシュ文化」を表すものとして、象徴的に使われるようになりました。

前述のように、フェアトレード商品を作るようになった女性たちの生活の変化には、よい点もあれば、今後の課題として考えるべき点もありました。作り手の女性たちは、与えられた条件のもとで、賃金労働に従事するだけで、消費者の姿を知りません。一人の生産者として自らの努力や工夫が、そのプロセスを変化させたり、消費者に影響を与えたりしうる可能性があることを知らず、生産プロセス自体に主体的なかかわりを持つことがほとんどありません。さらにいえば、それはNGOが作り手の主体性を伸ばすような商品生産システムを構築しなかったからともいえるでしょう。今後は、作り手の女性たちが、仕事をし、現金収入を得たことから生まれる自信に加えて、「より良いものを作りたい」という主体的なモチベーションを高められるようなシステムが必要とされていると思います。

ノクシ・カンタは、私たちと世界とのつながりを見せてくれます。私たちが商品にかくれた物語を知ろうとするように、作り手も流通のプロセスや消費者の姿を知れるような相互方向のフェアトレードのあり方を積極的につくっていく時期に来ているのではないでしょうか。

［参考文献］

五十嵐理奈「カンタ刺繍にみる文化とグローバル化商品の生産―文化を継承するNGO」『地域研究』Vol.10 No.2、昭和堂、京都、2010年、224-244頁。

福岡アジア美術館　ラワンチャイクン寿子・編『生活とアートII　ベンガルの刺繍　カンタ―その過去と現在―』、福岡アジア美術館、福岡　2001年。

Ahmad, Parveen, The Aesthetics & Vocabulary of Nakshi Kantha : Bangladesh National Museum

Collection, Dhaka, Bangladesh National Museum, 1997.
Basak, Sila, Nakshi Kantha of Bengal, New Delhi, Gyan Publishing House, 2007.
Zaman, Niaz., The Art of KANTHA Embroidery, Dhaka, University Press Limited, 1981.

二―二　ジュースパックのバッグとフィリピンの女性たち

セブのコミュニティーについての紹介は、国際地域学部の海外研修（二〇〇八年度）に参加した学生のレポートが基になっています。二年生秋学期の子島ゼミの活動として報告をまとめ、上毛新聞シャトル紙上から、その情報を発信しました（初出記事一覧と執筆者の氏名は巻末を参照ください）。

この研修のテーマは、「都市スラムにおけるコミュニティー開発」でした。コミュニティー開発とは何でしょうか。報告書の冒頭で、勝又綾奈さんと横尾真純さんはこの専門用語について以下のように説明しています。

今回のＵＰセブとチュラロンコン大学における海外研修は、コミュニティー開発が共通のテーマであった。Community Development : Breaking the cycle of poverty（Swanepoel and De Beer 2006）の第五章に依拠して、コミュニティー開発の特徴を説明する。コミュニティー開発の特徴として、同書では以下の四点を挙げている。

一 集団としての活動
二 ニーズによる方向付け
三 目的による方向付け
四 草の根レベルでの活動

まず一であるが、コミュニティー開発は、ある問題を共有する人々が自発的に集団をつくって行う活動である。この住民組織が成果をあげることができれば、ほかの人々の参加を促進することにもなる。

続いて二であるが、複数の住民が参加するということは、多様な価値観が表明されるということである。そのため、自分たちの中で最も優先順位の高いニーズについて人々が話し合いを行ったうえで、合意を形成することが求められる。住民が物事を決めるプロセスそのものが、参加型のコミュニティー開発においては重要である。

ニーズの明確化を受けて、三の目的の明確化も求められる。目的は、具体的なものでなければならない。例えば、「つきっきりで幼児の面倒を見なければならないため、女性が働きに出ることができない。女性が収入を得るには、子供を預かる施設が必要だ」。これが最優先のニーズとして挙げられたとすると、具体的な目的は、「保育所の設置」となる。そして、設置する場所、誰の子供を、何人まで預けられるのかなどといった点について具体的に決めていく必要がある。

四として、コミュニティー開発は、草の根レベルで行われなくてはならない。すなわち、官僚やNGOの職員が主導するのではなく、住民たち自身で運営していくことが大切である。初期の段階では、官僚やNGO職員の的確な指導なしには、組織を立ちあげることも難しいだろう。しかし本当の意味での草の根とは、「土の下に隠れている部分」すなわち社会の下層で暮らす貧しい人々自身がコミュニティー開発に携わるということである。

コミュニティー開発では、住民が主体となり、具体的な目標に向かって行動することに力点があります。以下の文章からは、スラムでのコミュニティー開発の一環としてフェアトレードの商品が生産されていること、さらにこのフェアトレード商品を日本に持ちかえることで、私たちもスラムの住民の意欲的な活動に参加することが可能なのだということがわかります。

セブ市の概要

初めに、セブ市の概要についてです。この町はどんな特徴をもっているのでしょうか。

フィリピンは七千以上の島からなる島嶼《とうしょ》国家です。この国は大きくルソン、ビサヤ、ミンダナオの三つの地域に分かれています。首都マニラの南方五〇〇キロに位置するセブ島は、ビサヤ地方の中心地として歴史上重要な役割を果たしてきました。一五二一年、マゼラン率いるスペイン艦隊が訪れ、フィリピンに初めてキリスト教を伝えたのも、ここセブ島でのでき事です。現在も南フィリピンの経済的・文化的中心地として、また国際的なリゾートとして繁栄し、毎年多くの外国人観光客を迎えています。近年、目立つのが韓国人の語学留学の増加です。スペイン支配の後、十九世紀末からアメリカに統治されたため、高等教育を受けたフィリピン人は流暢《りゅうちょう》な英語を話します。ほかの地域に比べて治安がいいセブで、安価に英語を学ぼうと訪れています。

セブ市では、三二六平方キロに七十二万人が暮らしています。海岸沿いの平地のほとんどが都市化され、ここに人口の七割が集中しています。後背地には広い丘陵部が広がっていますが、その人口は全体の三割にすぎません。

セブの都市部の特徴は、貧富の差が激しいことです。産業が発展しつつあること、観光地としても栄えているセブには、「ビバリーヒルズ」と呼ばれる超高級住宅街で、雇い人に囲まれて暮らしているお金持ちがいる一方で、人口の半分以上は極端に貧しい生活をしています。観光客向けの高級ホテルの目の前や、高額所得者が住む警備員付きの住宅街の丘の下に、掘っ立て小屋が連なる地区が、セブには点在しています。土地を不法に占有している状態がほとんどであり、このような地域に居住している貧しい人々のことをスクォッターといいます。不法に土地を占拠しているということで、行政からのサービスもほとんどない状況です。

セブ市の失業率は一〇パーセント台の高い数字で推移しています。地方からセブに出てきても、教育を受けていない人は、英語が話せなかったり、事務ができなかったりという理由で観光産業や工場で働くことができません。路上で物を売ったりするだけでは、収入も不安定です。このため、貧困の状態からはなかなか抜け出すことができません。

私たちは今回、フィリピン大学セブ校で「都市貧困層におけるコミュニティー開発」に関する講義を受けました。講師は、社会学の教授、セブ市役所の地域開発担当者、住民の生活環境改善に取り組んでいるNGOの職員などでした。講義を受けてわかったことは、セブ市がコミュニティー開発において、世界でも先進的な取り組みを行っているということでした。この分野において、貧しい住民の組織とフィリピン国内外のNGO、そして行政（自治体）の三者が積極的なパートナーシップを結んでいます。その結果、五百以上の住民組織が形成され、お互いにネットワークを広げているのです。その活動は、フィリピン国内だけでなく、海外の行政やNGOからも注目されています。

この活動に大きく貢献してきたのが、トーマス・R・オスメーニャ市長と、都市貧困者運動の指導者のビンボー・フェルナンデス氏です。高校生時代、同級生だったという二人が、スラムの住環境の改善や、スクォッター住民が土地を取得できる仕組み作りに取り組みました。このほかにも、セブ市は、住民とNGOが市の開発計画に直接携われるような制度を設けたり、ストリートチルドレンへの教育支援プロジェクトも推進しています。

フィリピン大学セブ校での講義

フィリピン大学セブ校での講義について、もう少し詳しく説明します。フィリピン大学はマニラ校・ミンダナオ校・ロスバニョス校・バギオ校など国内に十のキャンパスを持つ国立大学です。法学・医学・政治学・人文社会系などさまざまな分野の教育を行っています。今回の研修ではセブ校で「コミュニティー開発と都市の貧困問題」に即した内容の講義を受けました。

コミュニティー開発とは、コミュニティー（地域）の住民が、特定の問題やニーズに対して目標を設定し、その解決のために集団で行う活動です。特に貧しいコミュニティーに住む人々がその意思や権利を訴えるには、団結して問題解決に取り組むことが大切であり、セブ市では行政やNGOが彼らの組織化を支援しています。この種の草の根の開発で強調されるのは住民参加であり、人々の意思に沿った開発を行うべきであるとされます（フェアトレード商品作りも、その一環として行われています）。

貧困、都市開発、ジェンダーなどの専門家が、私たちに興味深い講義をしてくれました。

日本の大学で受けるのとはまた違った環境の中で、どんな話が聴けるのだろうという期待と、ちゃんと理解できるだろうかという不安がありました。それぞれの講義は英語で行われ、普段聞きなれない専門用語もでてきましたが、まずは自分の耳と目で理解できるように、メモを取ることはもちろん、授業中はいつにも増して集中して聴いていたように思います。子島先生による日本語での要約が、私たちの理解を助けてくれました。

講義は全部で九つ受けました。セブ市の職員やフィリピン大学教授、女性団体の代表者など多彩な講師陣が内容の濃い講義をしてくれました。「セブ市の概要」「貧困の定義」「都市計画とコミュニティー開発」「ジェンダーとガバナンス」など、さまざまな観点からセブ市の貧困問題と開発を学びました。東洋大学からは、子島先生と三年生のグループが「フェアトレードを通してみる日本とフィリピンの関係」についてプレゼンテーションを行いました。フェアトレードの日本での現状を、フィリピンの女性や少数民族が作った商品を通して紹介したので、セブ校の教授や学生さんからも質問やコメントがたくさん出ました。子島先生は「バナナを通してみる日本とフィリピン」と題するミニ講義も行いました。日本とアジアの問題を考えるうえで必読書となっている鶴見良行氏の『バナナと日本人―フィリピン農園と食卓のあいだ』から始まり、オルター・トレード・ジャパン（ＡＴＪ）の歴史へと展開する内容でした。ＡＴＪは、一九八九年に日本の市民がフィリピンの人々と手探りで始めたフェアトレード（民衆交易）の会社です。今日、生協の宅配システムを通して、フィリピンのバナナを筆頭に、コーヒー（ペルー、東ティモール）、オリーブオイル（パレスチナ）などの食品類を日本のお茶の間に届けています。このミニ講義のために、子島先生は館林から東京の早稲田にあるＡＴＪのオフィスまで出かけて、お話をうかがったそうです。ホテル近くのスーパーマーケットで買ってきた何種類ものバナナを、机の前に並べて試食しながら話を聞きました。

一連の講義の間、常に理解を深めようと、疑問や意見を英語で講師に伝えました。講師の皆さんは全員真剣に答えてくれたので、それがまたやる気や自信につながっていきました。現地の学生と同じ講義を聴き、時間を共に過ごすことで、意見交換することもできました。このような授業は日本ではなかなかできないことです。フィリピン大学での授業環境はとても心地よく、私たちにとって貴重な体験になりました。講義を受けた後は、セブの町をまた違った角度で見ることができ、新たな魅力を見つけられた気がします。そして講義で学んだことを受けて、後日私たちはグループごとにフィールドワークを行いました。

参加した学生の多くを引きつけたのが、セブ市の行政官ビンボー・フェルナンデス氏の「都市計画とコミュニティー開発」でした。セブ市では多くの貧困層が存在しますが、彼らの生活を改善するために政府だけでなく、ＮＧＯや住民組織の相互協力が進んでいます。貧困をなくそうと思ったら、そこに住む人々が自らを組織化し、行動していくことが不可欠だということを学びました。貧困の解決とは、政府の一方的な援助でどうにかなるものではなく、実際に貧しい暮らしを強いられている人々が団結して問題に立ち向かっていくことが重要であり、それこそがコミュニティー開発の原点なのだと理解できました。

フィリピン大学のマリア・バレスカス教授（通称チェリー先生）の講義も面白いものでした。研修のコーディネーターでもあるチェリー先生は日本留学の経験をもち、その講義は英語と日本語の入り交じった不思議な雰囲気でした。国際結婚や就業というテーマを通して、日本とフィリピンの関係を論じる内容でした。その後の二〇〇九年四月、チェリー先生が国際地域学部の正式の教員として日本にやって来たときは驚きました。今では、英語で卒業論文を書こうとする学生にとって、とても頼もしい指導教官の一人です。

学生間の交流

つづいて、セブ校の学生さんたちと東洋大生の交流について紹介します。学生さんたちは、空港に着いたばかりで、周囲の状況もわからず戸惑っていた私たちを温かく笑顔で迎え、バナナの葉で作った帽子をプレゼントしてくれました。移動中のバスの中でも絶えず話しかけてくれたので、すぐに打ち解けることができました。

彼ら彼女たちはボランティアとして、いつも私たちの近くにいて、積極的に交流を図ってくれました。こちらが何を言いたいのか理解しようと、とても熱心でした。日本に興味を持っている学生さんが多く、英語の文章を一緒に日本語に訳しながら、交流を深めました。セブの市内観光の際も、訪れた場所の歴史的背景や、展示品の詳細を丁寧に教えてくれました。

フィールドワークでも、住民の声を私たちに伝える重要な役割を担い、聞きたい情報をしっかりと聞き取ってくれました。最後のプレゼンテーションの準備でも、英語の文法や表現についてアドバイスしてくれました。おかげで、すべてのグループが無事にプレゼンテーションを完成させ、発表することができました。

私（横尾真純）がとくに仲良くなった二人を紹介します。まず、チャールズです。少し恥ずかしがり屋ですが、いつも楽しそうに話しかけてくれて、笑わせてくれました。彼は日本語の勉強をしていて、時々話の内容がわかると「今のわかりました」とうれしそうに言っていました。次に、アーミーを紹介します。彼女は、講義の前やフィールドワークの際にさまざまな準備をしてくれました。常に私たちの行動を見守り、サポートしてくれました。帰国後は、一番頻繁にメールのやりとりをしています。

私たちがセブで過ごした二週間は、彼らのおかげでとても充実したものになりました。日本に帰るときは非常に辛かったですが、再会を約束して、笑顔で別れました。学生さんたちと過ごした日々を忘れず、これからも交流を続けていきたいと思っています。

セブ校の学生さんの代表として、アーミーの声も伝えたいと思います。

「たくさんのことを得られるからよ」マフィンは、彼女がなぜボランティアをするのか聞かれると、こう答えました。〇八年九月に三度目を迎えたこのセブ校と東洋大の研修には、たくさんのフィリピン人学生がボランティアとして参加しました。マフィンもその一人です。「二週間という短い間だけれど、日本の学生たちは、私たちフィリピン人と驚くほど考え方が同じなの。だから、一緒に頑張りましょう」とマフィンは言っていました。私たちは一緒に歴史遺産やボホール島の観光地を訪れ、バランガイ・ルスでの調査やプレゼンテーションの準備もしました。

講義やコミュニティーでの活動の合間、私たちは東洋大生と学校、家族、好きなものについて話をしたり、一緒にゲームをしたり、冗談を言い合ったり、時には子島先生も一緒になって「バナナダンス」をしたりして過ごしました。私たちはセブアノ語を教え、彼らは私たちに日本語を教えてくれました。一緒にショッピングモールに行ったり、ビデオケ（カラオケ）に行ったり、夕食を食べたりもしました。

「言葉の壁はあるけれど、なんとかやっていけるわ」フィオナは言いました。私もそう思いました。東洋大の学生たちはフレンドリーで、よく話します。自分の気持ちを英語で表現するのが難しいと感じていた学生もいたようですが、私たちとコミュニケーションを図ろうと努力していました。彼らと時間を共有することで、授業や課題提出などに支障もありましたが、それでも私たちはとても楽しく過ごせました。今まで知らなかったセブ校

バランガイ・ルスでの聞き取り調査

の学生とも、ボランディアを通して友達になりました（アーミー／横尾訳）。

バランガイ・ルスの概要

セブ研修の主目的の一つに、バランガイ・ルスでの調査がありました。「バランガイ」とは集落を意味する言葉ですが、現在では行政単位を指しており、セブ市には八十あります。もともとの意味は、タガログ語の「小船」です。人々が船に乗ってやってきて陸地にたどり着く。そして集落を形成する。そういったイメージの、海と島の国であるフィリピンらしい言葉です。

私たちは、セブのバランガイの一つのバランガイ・ルスを訪れ、スラムの生活について調査しました。このスラムの起源は、一九五六年四月の大火事です。このときに不法に住んでいたスラム地区から焼けだされ、ホームレスとなった住民がたくさん出ました。大統領の支援を受けたセブ市長の尽力で、彼らのためにバラックが作られました。この一画が、大統領夫人の名前「ルス」をとってバランガイ・ルスと名づけられたのです。そして、ルスは次第に広がっていき、広大なスラム地区を形成することになりました。現在、二〇平方キロに一万五千人が住んでいます。バランガイのさらに下の行政単位を「シティオ」と呼び、ルスにはZapatera、Kalinao、Abellanaといった十六のシティオがあります。これらは、住民たちが以前住んでいたスラムの名称をそのまま付けたものです。

バランガイ・ルスは、貧困地域の住民が自分たちの手で社会・経済的な状況の改善に取り組む「コミュニティー開発」のモデルとして知られています。住民組織やNGOが何十もあり、活発に活動しています。コミュニティー開発のシンボルとなる建物が、バランガイ・ホールと呼ばれる三階建ての多目的ホールです。一階には、受け付けと健康センターがあります。健康センターには医師・助産師・歯科医・看護師がそれぞれ一人ずつおり、十二人のヘルスワーカーが常駐しています。彼らの給料は政府から支払われ、受診者の治療費もほぼ政府により支払われています。二階は事務所になっています。三階には百以上のイスがあり、ミーティングの場として多くの住民組織が使っています。また、生活協同組合の女性メンバーが行う収入向上活動の一環として、リサイクル・バッグ作りが行われています。

ルスを訪れた初日、コミュニティー・リーダーのニーダ・カブレラさんからコミュニティー開発の説明を受けましたが、最初に登場したのがこのバッグ類でした。「その瞬間、フェアトレードがコミュニティー開発において大きな役割を担っているということを実感した」と子島先生は振り返っています。

バランガイ・ルスの第一印象は、とても活気があるということでした。子供たちは近くの広場でサッカーやバスケットボールをやっていて、大人たちは家の前で作った食べ物を売ったり、隣近所で仲良く集まっておしゃべりをしたりしていました。私たちにもとても優しく、調査していることに関して詳しくわかりやすく説明してくれました。とても、あたたかい人たちでした。

バランガイ・ルスには、コミュニティー開発の歴史があり、さまざまな活動が展開しています。それによって、ほかのスラムと比べると住環境はだいぶ改善されています。水・電気・ガスなどの供給があり、日常生活を送るのに不便なことはありません。子供に十分な教育を受けさせることにも力をいれています。そのためにも、安定した収入が必要であるとして、女性たちが自分たちで仕事を積極的に作り出しています。ジュースの空きパックを材料に、子供を持つ母親たちがミシンを使い一つ一つ手作りで仕上げるリサイクル・バッグに加えて、お弁当の配達やネックレス作りなども行われています。

六十年近い歳月を経て、周辺地域は近代的なショッピングモールや高級ホテルが立ち並ぶセブ市有数の商業エリアへと変貌を遂げました。バランガイ・ルスも大きく変化し、活気が感じられる一方で、内部での経済格差すら生じつつあるように感じられました。

スラムの住環境

バランガイ・ルスでは、講義で学んだ住居、水、女性組織、そしてフェアトレード商品の生産といった生活のさまざまな側面について調査しました。それぞれのテーマごとにグループを作り、二日間にわたってセブ校の学生と一緒にスラムを歩き、通訳をしてもらいながら、住民の方々にインタビューをしました。以下に、その成果をグループごとに報告します。

まず、住居です。当たり前のことのようですが、住居は安心して寝られる場所を提供し、衛生という面からも生活を清潔に保つという重要な役割を果たしています。

インタビューに際しては、年齢や家族構成、世帯の月収といった基本的な事項をまず質問しました。それから、その家の価格や築年数、水道や電気などの公共サービスが供給されているのか、現在の家に満足しているかなどを聞きました。実際に家の中に入って写真も撮らせてもらいました。調査した住宅は十六軒ですが、そのほとんどが予想以上にきれいでした。大部分が二階建てとなっていて、電気・水道・ガスといった基本的なインフラが整っています。バランガイ・ルスの歴史が六十年近いということで、掘っ建て小屋の集合体のような最近できたスラムとは全然違うことが、一目瞭然です。ただし、屋根はトタンでできていて、雨が降ると雨漏りが生じます。雨が降ると、住民は毛布を使って雨に濡れないようにしたり、バケツで水を受けたりといった対処をしているようでした。

私たちの想像と全く違っていて驚いたのは、多くの家電製品がそろっているということです。テレビ・DVDプレーヤー・CDラジカセ・ラジオ・オーブントースター・電話・冷蔵庫・時計・扇風機・炊飯機がほとんどの家にありました。

十六世帯の月収は、同じスラム暮らしといっても、最低の二五〇〇ペソから最高の三万ペソまで大きな開きが見られました。最も収入の多い世帯では、家が広くトイレが二つあり、祭壇専用の部屋も設けられていました（十六軒すべての家に祭壇があります）。電化製品の数もほかの家より多く、冷蔵庫や電話、扇風機はそれぞれ二つずつ、ステレオや最新型DVDプレーヤーもありました。逆に収入が最低の家は、玄関らしきところにさえドアがなく、ただスペースを区切って暮らしている状態でした。この家だけは電化製品を持っていませんでした。家具もほとんど無く、生活の大変さがうかがえました。しかし、この家にもイエス・キリストのポスターが祭壇代わりに壁に貼ってあり、キリスト教への強い信仰が感じられました。

調査前は、スラムの家はもっと狭く、家具もわずかしかないだろうと考えていました。それで、なぜこんなにも電化製品を持っているのか尋ねたところ、答えは「第一に娯楽を求める」でした。お金がちょっとでもたまると、テレビ、そして次にCDやDVDプレーヤーを購入するのです。ただし、どの家にもなかったのが洗濯機です。一番収入の高い家にもありませんでした。住民の多くは洗濯板と桶があれば、それで事足りると思っているようです。

はじめは順調だった調査ですが、途中で住民に立ち退きを迫る政府の関係者かと疑われてしまいました。こうなると快くインタビューには応じてもらえません。その背景には、土地問題があります。一九九〇年代に入ってから、多くの人々がバランガイ・ルスに移住してきましたが、そこはセブ州政府の所有地でした。一九九三年、州政府はこの移住者たちに五年のうちに代金を支払えたら土地を与えると決め、契約を結びました。しかし、その五年後、代金の支払いを終えることができなかった住民が出たため、さらに五年間の延長期間を与えました。しかし、それでも代金を支払えない（支払わない）住民が出ました。州政府との契約は終了したまま現在に至り、住民は立ち退きの不安を抱えています。バランガイ・ルスの近くに大型ショッピングモールや高級ホテルができて、地価が上昇していることが大いに関係しています。州政府もまた、ここを商業地区として再開発する計画を持っているようです。セブ市は「スラム住民とのパートナーシップを推進する」基本政策で有名になったところですから、行政当局の動きも一枚岩ではないことがわかります。このスラムの価値が上がってきていることは、近年、安価な家を求めてバランガイ・ルスにやってくる人をターゲットとしたアパートが立ち始めていることからもうかがえます。スラムと言うと、「貧しい人が劣悪な環境状態で暮らしているところ」という予想を裏切って、バランガイ・ルスの内部の多様性や、人々が抱えている土地問題を知ることができたのが、調査の一番の収穫となりました。

生活における水

今日、不衛生な水を飲むことで発生する下痢によって、多くの子供たちが命を落としています。その数は世界中で一日五千人、年間で百八十万人を超えるといわれます。生活用水・飲用水の環境を整えることが、多くの命を救うことにつながるのです。

フィリピンのスラムでの状況にも厳しいものがあります。特に水道の供給や排水のシステムが、具体的にどうなっているのかを知りたいと思い、私たちはグループを作りました。まず、バランガイ・ルスの生活で使われている水道システムを具体的に紹介します。

一　数軒で共用する水道

二　各自の住宅に引いてある水道

一は共用であり、二は個人所有です。共用水道のシステムは、共用の水道小屋にバケツを持っていき、そのサイズに応じてお金を払い、水を得ます。小さなバケツで一ペソを支払っていました。このほかにもポンプ式の供給システムがあったり、地下から水をくみ上げてためる大きなタンク付きの供給システムを持つ家があったりします。彼らは近所の人々に水をいっぱい一ペソで売って、利益を上げています。大量の水を使う大家族にとっては、このような形で購入する生活用水の代金が大きな負担になっています。私たちが訪問した十人の子供がいる家庭では、水の使用料に月九〇〇ペソをかけていて、これは収入の五分の一にも相当するそうです。

次に、二の水道システムが家の中にある三世帯の様子を報告します。一軒目は二人家族で、収入は三〇〇〇ペソ。水道代には月二〇〇ペソ使っています。キッチンの水道だけを使う時と、シャワーとキッチンを同時に使う時では、水量をバルブで調節して使い分けていました。そうしないと水道管が壊れてしまうそうです。二軒目は六人家族で、収入は六七〇〇ペソ、こちらの水道代も二〇〇ペソ使っていました。「水道水は消毒が強く、プールの水を飲んでいるのと同じだ」とのことで、この家には大きなミネラル・ウオーターのボトルがありました。三軒目も六人家族ですが、収入は一万八〇〇〇ペソと飛びぬけていました。日本で働いている子供からの仕送りということでした。水道代には月三〇〇ペソ使っています。これで見ると、共用よりも水道を家に引いている個人の方が、料金は割安です。しかし、二の水道システムを個人の家に取り付けるには七〇〇〇ペソかかります。貧困世帯の平均月収は五〇〇〇ペソ以下ですから、今でも共用の水道システムを利用する人の方が多いようです。

水にかかるお金はこれだけではありません。九〇年代から、スラムでもミネラル・ウオーターをサリサリと呼ばれる地元の雑貨店で購入して、飲む人が出てきています。ただし、「おいしいが高い」ミネラル・ウオーターの購入量は、収入に左右されるようです。さらに私たちは道を歩いていて、水の自動販売機を見つけました。小さなビニール袋を蛇口に取り付け、一ペソを入れると冷たくて安全な飲み水が出てきます。ミネラル・ウオーターではないようです。

コストは別にして、ほとんどの家が生活用水や飲料水の質に満足しています。昔に比べて、飲み水や水道水の供給システムは大きく改善されたと人々は言っています。以前は、安全性の低い水による腹痛や下痢などが原因となって亡くなる人も多かったそうです。今では水が原因で大きな病気になる人はいなくなり、水道が整備されたおかげで安全性はだいぶ高まりました。

一方、排水には問題が多そうでした。家庭で使われた水は、すべて道路の脇にある小さな溝（下水道）に流されていて、非常に不衛生です。中には家の下を流れているところもあり、「排水が家の中にあふれ出てしまった」という話も聞きました。私たちにとっては驚くべきことですが、水道管は地面に埋まっておらず、むき出しになっています。下水道と密接している個所もあり、衛生にはよくありません。ニーダ・カブレラさんも「衛生や健康を保つことは、貧困を改善していくために重要なポイントだが、排水施設が整っていない」と指摘していました。

女性組織

フィリピン大学セブ校では、フィリピンでも有数の女性団体のリーダーであるテレサ・フェルナンデスさんから、ジェンダー問題についての講義を受けました。ジェンダーとは、「男は度胸、女は愛嬌」「男の子は泣くな」「髪の毛が長いことやスカートをはくことは女の子らしい」といった言葉に表される「男らしさ」や「女らしさ」、つまり文化的社会的につくられる性のあり方を指す言葉です。歴史や文化、社会環境によって変化していくものですが、フィリピンでは女性の経済的・社会的地位が低く、しばしば家庭内暴力が問題になります。私たちは、その現状と解決に向けて取り組む女性団体の活動について調査をしました。

バランガイ・ルスではいくつかの女性団体が活動していますが、その一つであるバンタイ・バナイ（家族やコミュニティーを見守る）というＮＧＯのメンバーに話を聞きました。この団体はメンバー全員が女性によって構成され、夫から暴力を受けている女性を助ける活動などを行っています。暴力を受け、助けを求めてきた女性のカウンセリングに当たったり、妻に近づかないよう夫に誓約書を書かせたりするのです。その存在が住民に広く知られていることからも、バンタイ・バナイは地域の女性たちが安心して駆け込める、いわば避難所になっています。多くの女性がバンタイ・バナイに助けを求めており、暴力を見つけた住民も率先してこの団体に報告しています。地域住民との強い結びつきをもつNGOです。また女性の自立支援として、職に就くために必要な技術を身につけさせたり、定期的にミーティングを開催したりしています。このような活動は、社会的立場が弱く、発言する機会の少ない女性が家庭内暴力の問題を表に出す手助けとなっています。

私たちは、八人の女性にインタビューをしました。アイーダさん（四十一歳）は夫からの日常的な暴力と貧しさに苦しみ、バンタイ・バナイに助けを求めました。その結果、別居するための契約手続きをとることができました（フィリピン人の多くはカトリックのため、離婚が認められていません）。さらに、バンタイ・バナイは月々八〇〇〇ペソの援助を彼女に与えています。彼女は、その活動に感謝し満足していると答えました。

グロリアさん（五十歳）は夫の暴力から逃れるため、家族と別居しています。夫は溺愛する息子のみに養育費を費やし、そのほかの子供の養育費はグロリアさんの姉が援助しています。グロリアさんは化粧品販売の仕事に就いていますが、収入はごくわずかで団体から月々二〇〇〇ペソの支援をうけています。彼女もアイーダさん同様、バンタイ・バナイに感謝していました。

援助金を給付しつづけるだけでは、彼女たちの自立を妨げ、バンタイ・バナイへの依存をもたらすとも考えられます。援助から、職業訓練、そして彼女たちが自力で生活できるまでの流れがどんなふうになっているのか知りたかったのですが、フィールドワークではそこまでは調べられませんでした。

調査を終えて、スラムにおける家庭内暴力の原因も見えてきました。まず、ドラッグや酒に溺《おぼ》れた夫が生活費を出さず、妻と口論になるケースがあります。仕事に就けない夫がストレスから妻と喧嘩《けんか》する場合もあるようです。貧しさが家庭内暴力につながることが多く、問題の抜本的な解決のためには貧困の克服が不可欠です。バンタイ・バナイも、そこまで踏み込んで解決を探っているわけではないようです。しかし、女性自身による活動は、被害を受けている女性たちに希望をもたらしており、非常に意味のある活動だと評価できます。

コミュニティー開発の中のフェアトレード

今回の研修中に、私たちはフェアトレードにかかわる三つの団体を訪問しました。

一　南のパートナー（Southern Partners And Fair Trade Corporation）

二　バランガイ・ルス多目的生活協同組合（Barangay Luz Homeowners Multi–Purpose Cooperative）

三　メガマム（Mega Moms Multi–Purpose Cooperative）

「南のパートナー」は一九九六年二月に設立されたフェアトレード団体です。セブ市内で二十三、隣の島のボホールで四、ネグロスで二団体と共同活動をしています。セブ市にお店を持っていて、ドライマンゴー、ココナッツオイル、コーヒーなど、さまざまな商品を売っています。ドライマンゴーが主たる商品であり、農家から適正な価格でマンゴーを買い取り、それをドライマンゴーやマンゴーピューレに加工し、販売しています。商品の八〇%は海外に輸出され、残りの二〇%は現地で売られているそうです。輸出先はイタリア、ドイツや香港など。日本では、神戸大学の学生さんたちが立ち上げたNGO「ぺぱっぷ」が輸入販売に携わっています。私たちが訪問したときも、メンバーの岩下光恵さんがインターンとしてお店で働いていました。

バランガイ・ルスでは、すでに書いたようにコミュニティー開発の一環として、女性たちが経済力をつけようと活動しています。「多目的生活協同組合」は、一九九八年に設立されました。リーダーはニーダ・カブレラさんです。彼女はスラムの住民組織のリーダーとしてフィリピンでも有名です。この団体では、毎日大量に飲まれているジュースのパックをリサイクルして、買い物バッグなどを作っています。大量に出るごみのリサイクルと女性の収入向上が一つになったユニークな活動です。収集・洗浄したジュースパックから、注文に応じたデザインやサイズのバッグを作っています。バッグ以外にも、エプロンやスリッパなど三十〜四十種類の商品を、主にヨーロッパから注文を受けて作っています。

（5）　2009年（平成21年）2月27日（金曜日）　シャトル

セブ島に学ぶ

東洋大国際地域学部研修から

＊7＊

報告者　国際地域学科3年　江口　麻衣子
同　ボズ・ラズ・パウデル

江口　麻衣子さん

ボズ・ラズ・パウデルさん

生産者に適正賃金

フェアトレード《フェアトレード》女性らの生活向上支援

マンゴー加工

フェアトレードとは、経済的に厳しい状況にある生産者に適正な賃金を払うことで、その生活向上を支援していく活動です。

今回の研修中に、私たちはフェアトレードにかかわる3団体について調査しました。セブ市で訪問したのは次の3つです。

「南のパートナー」（Southern Partners And Fair Trade Corporation）

「バランガイ・ルス多目的生活協同組合」（Barangay Luz Homeowners Multi-Purpose Cooperative）

「メガマム」（Mega Moms Multi-Purpose Cooperative）

「南のパートナー」は1996年7月に設立されたフェアトレード団体です。セブ市内で23、隣の島のボホールで4、ネグロスで2団体と共同活動をしています。セブ市にお店を持っていて、ドライマンゴー、ココナツオイル、コーヒーなど、さまざまな商品を売っています。ドライマンゴーが主たる商品であり、農家から適正な価格でマンゴーを買い取り、それをドライマンゴーやマンゴーピューレに加工し、販売しています。

商品の80%は海外に輸出され、残りの20%は現地で売られているそうです。輸出先はイタリア、ドイツや香港など。日本では、神戸大学の学生さんたちが立ち上げたNGO「ペパップ」が輸入販売に携わっています。私たちが訪問したときも、同大の学生さんがインターンとしてお店で働いていました。

スラムのリーダー

次の2つは、研修に参加した学生全員で調査を行ったバランガイ・ルスの住民組織です。コミュニティー開発の一環として、女性たちが経済力をつけようと活動しています。

多目的生活協同組合は、1998年に設立されました。リーダーのニーダ・カブレラさんは、スラムの住民組織のリーダーとしてフィリピンでも有名な女性です。

この団体では、毎日大量に飲まれているジュースのパックから買い物バッグを作っています。大量に出るごみのリサイクルと女性の収入向上が一つになったユニークな活動です。収集・洗浄したジュースパックから、注文に応じたデザインやサイズのバッグを作っています。バッグ以外にも、ジュースパックを使ってエプロンやスリッパなど30～40種類の商品を、主にヨーロッパから注文を受けて作っています。

アクセサリー作り

メガマムも、やはりバランガイ・ルスのお母さんたちが立ち上げた2006年設立の新しい組織です。

地元のカトリック団体の支援を受けており、お店兼オフィスは、その敷地内にあります。ある貿易会社から無料でもらった貝殻、木材、そしてナイロンから、ネックレスやブレスレットなどのアクセサリーを作っています。まだ販売先の開拓が進んでおらず、司祭さんたちが海外に出張したときに、出先の教会でこれらの商品を売っているそうです。

フェアトレードのほかにも、メガマムは49人のメンバーの収入向上のために、ケータリング・サービス（パーティーや結婚式の料理）、クリーニング、雑貨販売といったビジネスも行っています。利益の一部を、子供たちの教育のためにと奨学金にも回しています。さまざまな研修やセミナーなどにも積極的に参加しているようです。

住民自身が活動

2週間という短い間でしたが、自分たちのコミュニティーを改善していこうとする3つの団体を訪問し、商品をじっくり観察しながら、生産者から直接話を聞かせてもらうことができました。

セブでのフェアトレード活動はまだまだ新しい試みであることがわかりましたが、農村部でも都市スラムでも住民たち自身が地道な活動に取り組んでいます。とりわけ、かかわっている多くの女性たちが活発的で、地域で大きな役割を果たしていることがわかりました。何よりも、スラムの貧しい女性たちが自分たちで仕事を作り出し、収入を向上させ、その結果として、自信を持つようになったことはすばらしいと思います。

多目的生活協同組合メンバーへの聞き取り作業。中央が筆者の江口さん

メガマムの店に展示されているネックレス。中央が筆者のボズさん

上毛新聞シャトル　2009. 2 .27　5面

このバッグ作りは、もともとマニラ首都圏に属するパシッグ市で、一九九〇年代後半に始まったものです。パシッグのとあるバランガイの女性グループが環境改善に取り組みだし、その一環としてジュースパックからのバッグ（doy pack bag）作りも生まれました。アイデア自体はセミナーで招聘《しょうへい》した講師がもたらしたものですが、パシッグでさまざまな製品が派生していったようです。これが評判を呼び、地元のテレビや新聞で取り上げられるようになりました。さらにパシッグか

らの積極的な情報発信の結果、NGOを通してフィリピン各地で同様の取り組みが始まり、セブでも行われるようになったわけです。現在、このジュースパックを原材料とする製品はアメリカ、ヨーロッパ、そして日本でも買うことができるようになりました。

メガマムも、やはりバランガイ・ルスのお母さんたちが立ち上げた二〇〇六年設立の新しい組織です。地元のカトリック団体の支援を受けており、お店兼オフィスは、その敷地内にあります。ある貿易会社から無料でもらった貝殻、木材、そしてナイロンから、ネックレスやブレスレットなどのアクセサリーを作っています。まだ販売先の開拓が進んでおらず、司祭さんたちが海外に出張したときに、出先の教会でこれらの商品を売っているそうです。現場を見て、子島先生は「これこそフェアトレードの原初形態だ」と思ったそうです。フェアトレードのほかにも、メガマムは四十九人のメンバーの収入向上のために、ケータリング・サービス（パーティーや結婚式の料理）、クリーニング、雑貨販売といったビジネスも行っています。利益の一部を、子供たちの教育のためにと奨学金にも回しています。さまざまな研修やセミナーなどにも積極的に参加しているようです。

商品をじっくり観察しながら、生産者から直接話を聞かせてもらうことができました。セブでのフェアトレード活動はまだまだ新しい試みであることがわかりましたが、農村部でも都市スラムでも、住民たち自身が地道な活動に取り組んでいます。とりわけかかわっている多くの女性たちが活発的で、地域で大きな役割を果たしていることがわかりました。

何よりも、スラムの貧しい女性たちが自分たちで仕事を作り出し、収入を向上させ、その結果として、自信を持つようになったことはすばらしいと思います。

ボホール観光

最後に、講義と調査の合間に訪れたボホール島について紹介します。ボホール島はビサヤ諸島のほぼ中ほど、セブ本島とレイテ島に挟まれるようにして浮かぶ島です。私たちは、休日を使って一泊二日でボホール島へ小旅行に行きました。セブ島からは、高速船に乗って、二時間ほどでボホール島へ着きました。

ボホール島の見所としては、島の中央部にある「チョコレート・ヒル」、世界最小の猿といわれる「ターシャ」、フィリピン最古級の教会「バクラヨン教会」、ロアイ川の川下り等が有名です。私たちは、実際にこれらの場所を訪れてきました。

最初にバクラヨン教会を訪れました。マニラのサンオウガスチン教会、セブのサント・ニーニョ教会とともに、一五九五年に建てられたフィリピン最古級の教会です。博物館も併設されていて、スペイン統治時代の貴重な聖典や聖母マリアやキリストの像など宗教的な貴重品が展示されています。これらを通して、この教会の歴史の深さを感じました。博物館の奥には、教会を見下ろせるバルコニーがありましたが、古くていまにも壊れそうだったので、その上を歩くには勇気が必要でした。

次に私たちは、ロアイ川での川くだりに向かいました。一時間のクルーズを楽しみながらの昼食になります。のんびりと木々に包まれた川をゆっくりすすみながら食べた魚やフルーツは素敵でした。ビュッフェ形式で好きなものを好きなだけ食べられたのでとても満足しました。

クルーズの途中で、先住民の村を訪ねました。船から降りて、村の中を散策しました。民族衣装に身を包んだ人々が、太鼓の演奏とダンスで迎えてくれました。私たちも、帽子をかぶらせてもらったり、一緒に楽器を演奏したり、的を狙って弓矢を飛ばしたりしました。火の輪をくぐるパフォーマンスが一番魅力的で、その様子を写真に収めました。彼らは、観光客のチップを足しにして生活をしているそうです。

クルーズの間中、「専属歌手」のおじさんがずっと歌を歌ってくれました。外国人観光客が多いので、タガログ語のほかに英語、日本語、そして韓国語でいろいろな歌を熱唱してくれました。雨が降り出すと、「雨を見たかい」を歌いだすなどサービス満点でした。

その次に訪れたのは、チョコレート・ヒルです。このボホール最大の見所は島のほぼ中央にあります。高さ三〇～四〇メートルの円錐《えんすい》形の小丘が約千個、それが延々と続く独特の景観を見せてくれます。四月から六月の乾季に、丘の色がみどりからブラウンに変色することから、この名がつけられたそうです。全部で二百十四段ある展望台への階段を上りきると、そこからチョコレート・ヒルを一望することができます。同じ形の丘が三六〇度見渡す限り広がっている光景にとても感動し、癒やされました。ここで食べた、見た目が紫イモのようなアイスがとてもおいしかったのを覚えています。

最後にターシャを訪れました。ターシャは、世界最小のメガネザルとして有名です。大人のオスでも体長二〇～三〇センチ、体重一二〇グラムほどの大きさにしかなりません。手や肩にターシャを乗せると、その小ささを実感できました。ターシャに触れ合え、とても貴重な体験をしました。肩や手に乗せたままターシャと一緒に写真を撮ることができましたが、光に弱いそうなので、フラッシュ撮影は厳禁とのことでした。

ボホール島は、美しい海でダイビングが楽しめる場所としても有名です。今回泊まったホテルの前の浜辺ではほかの観光客を見かけることがなく、プライベートビーチ感覚できれいな海を満喫することができました。

幕間その二　フェアトレードを食べる一日

フェアトレード食材を使って、料理を作ろうと考えた私たちゼミ生。二〇〇九年十月二十六日、文京区のアカデミー湯島の調理室を借りて、料理に挑戦しました。メンバーは一品ずつ担当し、食材集めから調理まで一貫して行いました。

一 朝食「ドライフルーツ入りシリアル」

ピープル・ツリーのドライフルーツ（バナナ二〇〇グラム、八四〇円。パイナップル一〇〇グラム、七〇〇円）に市販のシリアルを混ぜ、牛乳をかけたら出来上がり！という簡単メニューです。あっという間にできて、エネルギーを摂取できる。朝食にはもってこいです。甘くておいしいこんな朝食なら、子供も喜んで食べるのではないでしょうか。ドライフルーツを牛乳にしばらく浸し、軟らかくしてから食べると、甘さが染み出てとてもおいしくなります。牛乳の代わりに「マリオさんのココナッツミルク」（第3世界ショップ、二九四円）をかけると、味は濃厚になります。こちらは朝食というより、おやつに最適です（塚田康介）。

二　昼食「ドライトマトとバジルのピザ」

使用したフェアトレード商品は二つ。一つはフレッシュバジルソース（第3世界ショップ、七三五円）です。大分で栽培されたバジルに、オリーブオイル、ガーリックが入っています。もう一つは、パレスチナ産オリーブオイル「ガリラヤのシンディアナ」（五〇〇cc、一九五〇円）です。日本へは、パレスチナ・オリーブという団体が輸入していますが、福猫屋のHPから注文しました。天然果汁一〇〇%。じっくり低温圧搾で抽出された一番搾りのオイルなので、栄養も損なわれずに残っているそうです。サラッとした触感が特徴です。

ピザ生地に、バジルソース、チーズ、ドライトマトのオイル漬けをのせて焼いてみました。ピザとチーズも、オーガニックで無添加のものを使用しました。出来上がりは油っこいように見えましたが、オーガニックな食材のおかげで、まったく嫌な油っこさはなく、おいしく食べることができました（石附さゆみ）。

三 昼食「鶏肉のフェアトレードワイン煮」

この料理では、フェアトレードのワインを使ってみました。「フェアトレード　ワイン」で検索して、たどりついたのが港屋のＨＰでした。電話をしたら、とても丁寧な対応で、タンディ・カベルネの赤（二〇〇〇円）を紹介してくれました。

製造元は南アフリカ共和国のケープタウンにあるワイナリー。オーナーがアパルトヘイト廃止後の新しい国づくりに貢献しようと、果樹園やワイナリーの労働者、地域住民たちに共同体作りを呼びかけました。そして誕生したのが現地の言葉で「愛」を意味する「タンディ」です。二〇〇四年には「マンデラ賞」を受賞しています。

シェフの経験がある父や知り合いのシェフさんに相談し、フランス料理の初心者でも作りやすいレシピを教えてもらいました。さっぱりした蒸し煮風の味付けに仕上がりました。

父からは、「フェアトレードに賛同してくれるお店や、シェフにフェアトレード商品を使ったメニューを置いてくださいと、働きかけてみてはどうか」と意見をもらいました。フェアトレードを広めていくための新たなアプローチとして、考えていきたいです（大石真夢）。

四　夕食「本格フェアトレード野菜カレー」

ネパリ・バザーロの「ベジタブル」（五六七円）は、手軽に本格的なカレーが作れる人気商品です。ターメリック、コリアンダーなど八種類のスパイスが小袋に分かれていて、味を好みで調節できます。ジャガイモ、ニンジン、玉ネギに加え、カボチャ、トマト、ピーマンを入れた野菜たっぷりのカレーを作りました。野菜の甘みの中に、ピリッとした辛さ。複雑な風味を口の中で感じとてもおいしかったです（嶋田拓真）。

五　夕食「玄米ビーフンサラダ」

玄米ビーフン（第3世界ショップ、三九九円）は、栄養分を豊富に含むタイ産の玄米のみでできています。やわらかく、つるりとした食感の細い麺で消化もよく、子供から年輩の方まで幅広くおすすめできます。お湯に漬けずに、そのまま揚げビーフンにしたり、サッと水にくぐらせてフタをして蒸すように調理するなど、クイック料理も可能です。今回はハムやキュウリとあえて、醤油、酢、塩コショウ、オリーブオイルで味付けして中華風サラダにしました（市井智子）。

六　おやつ「おばあちゃんの作ったおからクッキー」

第3世界ショップの人気商品で、ごま三七八円、ゆず三九九円。おからと国産小麦、国産粗糖、圧搾法一番搾りの菜種油を練り上げて作ったクッキーで、非常に歯ごたえがあります（安西孝史）。

食後の感想：どんな料理ができるかと、わくわくして調理に取りかかりました。実際、普段とは違った食材を使っての料理は楽しいものでした。完成した料理をテーブルに並べて見ると、フェアトレードの食材でこんなに種類豊富な料理ができるんだと、可能性を感じました。そのおいしさや質の良さは、また作ってみたい、食べたいと思わせるものです。

今回は、ほとんどの食材をネットで注文したのですが、送料がかさむという課題が明らかになりました。例えば、玄米ビーフンは三九九円ですが、送料に六三〇円かかります。すべてのフェアトレード食材が一つの店に揃っているわけではないので、複数のお店に注文したのですが、学生の財布にはきびしいものがありました。ネットで簡単に買えるという点では身近ですが、送料にかかる経費を考えると学生の私たちには、フェアトレードの食材はまだ遠い存在です。近くのスーパーやコンビニに、フェアトレード商品が並ぶ日が早く来ることを期待しています。

ゼミ生が自分たちで作った料理の前で記念の１枚

パブナでの市原さん(椅子に座って刺繍をチェックしている女性

第三部

フェアトレード

—それぞれの活動と思い

第三部では、館林での販売を通して関係を築いてきた団体を紹介します。シャプラニールとネパリ・バザーロには事務所にお邪魔して、それぞれが目指すところの「フェア」について、お伺いしました。神戸のぺぱっぷと札幌の北星フェアトレードからは、これまでの経験について原稿を寄せてもらいました。東洋大でのサークルやゼミ活動の今後の方向性を考えていくうえで、示唆に富んだ意見やアイデアであり、日本のどこかで「私たちもフェアトレードを始めてみよう」というグループにとっても参考になると思います。

三―一　ネパリ・バザーロ　土屋春代・丑久保完二さんインタビュー

日時　二〇一〇年一月十九日
場所　ネパリ・バザーロ事務所（神奈川県横浜市栄区）
書記　塚田康介

当日は子島先生と二人でお昼過ぎにネパリへお邪魔しました。まず、駅に近い「地球市民かながわプラザ」の二階にあるお店で買い物をした後、そこから徒歩十分の事務所に向かいました。中に入ると数人のスタッフが働いていました。倉庫と事務所が半分くらいずつとなっています。倉庫の棚は商品ごとに分類され、商品名と生産者の写真が貼られていました。倉庫を見せてもらった後、土屋さんと丑久保さんからお話を伺いました。

子島　ネパリ・バザーロは、コーヒーの商品化を一から立ち上げたり、日本の伝統技術を「紙布」としてネパールに導入したりと、フェアトレード団体の中でもかなり地域に密着した事業を展開しています。その現地との濃密な付き合いの中で見えてきた「フェア」に関して、商品を取り上げる形で具体的に聞かせてください。最近フェアトレードの本がたくさん出て、原則や理念、あるいはメジャーな団体に関しての紹介は一通りすんだかと思います。「フェアトレードとはこういうものですよ、私たちはこういう団体ですよ、みんなで頑張りましょう」という自己紹介・アピールの段階から次の段階、たとえばフェアトレードの「フェア」を具体的に検証していくことが求められているのではないでしょうか。私たちが出そうとしている本も、基本的には「みんなでフェアトレード頑張ろう」というベクトルを向いているわけです。でもその中でも、立ち止まって点検したいことがあるんですね。いつもフェアトレード、フェアトレードと言ってるけど、個々の活動においてフェアはどういう形で実現されているのか。そういった視点が、買ってくれるお客さんにも必要に応じて提供されるべきだし、中長期的に日本のフェアトレードを発展させていくためにも必要になってきていると思います。

丑久保　それは本当にその通りだと思います。

子島　というわけで、ネパリ・バザーロの具体的な商品を通して実現されたフェア、あるいはその道のりで生じる問題点についてお聞きしたいと思います。

丑久保　その前にまず、コンセプトについてお話しさせてください。実は私たちは、必ずしもフェアトレードという言葉にこだわらなくてもいいと考えています。フェアトレードの前に使っていた言葉があって、「もう一つの」という意味の「オルタナティブ」です。それは、弱肉強食の競争社会の経済に対するオルタナティブ、「共生」です。経済的弱者の視点にたち、現地にある資源で何ができるのか一緒に考え、模索する。それを日本の消費者にとっても、安全安心で心地よいものとしてつないでいく。

フェアトレードの「フェア」は、私たち側の心構えとして、「何かをしてあげる、してもらう」ではなく、対等な立場で、自分たちに何ができるかという視点で始めることだと思います。奴隷《どれい》状態に置かれている人々が存在していて、いつ自分がその構造を支える側になるかわからない。買う時の選択肢を増やし、そのような歪《ゆが》みを減らし、豊かな社会にしていこうということです。

土屋　フェアトレードという言葉では、私たちが表現したいところが十分に伝わらないということもあります。「みんなが同じ土俵で同じ条件で競争する」ということも「フェア」と受け取ることもできてしまいますから。共に支え合い、生かし合う関係を築くことを目指す「共生（ともいき）貿易」、パートナーシップトレードという言葉が、フェアトレードの次に来ると考えています。

子島　生産者の皆さんには、そのあたりをどのように説明していますか？

土屋　概念を無理に伝えようとはしていません。まず信頼が大事ですから、村に繰り返し行きます。「自分たちは一度来て、それで終わりではなく、ずっと関係を持ち続けていこうとしています」ということを、何度も行くことでわかってもらいます。

子島　私も文化人類学のフィールドワークで、パキスタンにあわせて四年ほど滞在しましたが、同じ村に行くと「おっ、あいつまた来たな」ということで、だんだん話してもらえることが多くなりました。

丑久保　そういうことだと思います。取り巻いている厳しい状況、仕事の意味や目指す社会のありよう、そういった話し合いを少しずつ積み重ねていきます。その意味でも、現地の言葉で話すことが重要です。

土屋　ネパール語で話をして、信頼関係を作ることはとても大事です。ネパールや地域の問題について話し合い、そのうえで、問題を解決するために使える村の資源（たとえばスパイス）を確認し、開発から市場開拓までの計画を立案し、実行していくことになります。商品になって利益が上がってきても、それまでの投資や運営コストもあるので、給料をいきなり大幅に増額するわけにはいきません。そうは言っても生活がかかっているので、「いくらになるのですか」と期待して聞いてきますが、彼女たちの財形貯蓄を始めるといった形で、「ずっと一緒にやって行こう」と長期ビジョンを示します。すると「あっ、自分たちの将来のことを真剣に考えてくれているんだ」と納得して、必ずしも今の給料だけにとどまらない、未来のビジョンを共有していくことができるようになります。

丑久保　生産者が力を付けていく過程、組織づくりの過程で、どうしても上下関係や権力構造ができてしまうことがあります。

子島　それはカーストや村の中の権力関係ということですか？

丑久保　それに利用されてしまうことがあります。政府でも、村でも、お金が集まるところに起こりがちです。例えば、欧米の国際ＮＧＯの資金力は大きいので、その資金ができるだけ長く続くようにプロジェクトを成功させず、終結を遅らせた事例を聞いたことがあります。その企み実現のためには、関係者を巻き込む必要があります。真面目に筋を通す人々は除外されます。往々にして、そのような人々は力が弱い（弱くなければ、このようなことは起きない）ことが多いようです。しかし、どんなに貧しくても、権力の横暴に屈しない人々がいます。私たちの立場は弱者側なので、その人々を応援する私たちは、権力者からみれば障害となり、妨害を受けることもあり得ます。不正が体制側であれば、反体制側になってしまうこともあるのですが、それに屈しては、虐《しいた》げられた人々に協力できません。活動の原点を問われることがあります。

子島　一九九二年から活動開始ということですが、最初は大変だったんでしょうか？

土屋　すべり出しは順調でしたよ。最初はセーターをお寺のバザーで売ったりしていました。女性のネットワークを生かして販売していました。九四年の秋にコーヒーを始めてから、赤字になって苦しかったですね。

丑久保　その時は、私は、まだ会社員として働いていて、その収入でカバーしていました。

子島　その時のコーヒーが「ヒマラヤンワールド」でしょうか？　わが家でも愛飲しています。このコーヒーはロングセラーになっていますが、この商品を通して、達成できたフェアとは具体的になんでしょうか？

丑久保　女性の社会進出が挙げられると思います。フェアトレードの商品の中でも、手工芸品は女性が中心で、男性はサポーターに回っています。しかし農産物は男性が主体で、意思決定権も握っています。特にコーヒーは「ブラック・ゴールド」と呼ばれるくらいの換金作物ですから、男性ががっちり握っている。生産者の集まりに顔を出すのも、最初は男性だけでした。それが今は六割くらいが女性になっています。また、農民の立場になって活動できるようになったことは、とても大きな成果と感じています。

子島　その変化はどのくらいかかって起きたんですか？

土屋　毎回写真を撮っていますが、何年かたつと女性の顔が写っていました。今の状況になるには十年近くかかっていますね。

子島　二、三年では無理でしょうか？

土屋　それでは、とてもとても。

子島　女性は、収入の使い道を、一部でも自分で決められるようになったんでしょうか？

土屋　村の女性が、自分で使い道を決められるようになるには、まだまだ時間がかかると思います。専門職に就けるよう奨学金支援をしている紅茶農園の子供たちの話ですが、生まれ育った村から遠く離れた町で下宿して学んでいるその子供たちと話す時、日本の女性の仕事や生き方、目指している自立などの話をすると、目を輝かせて聞き入る女の子たちがいます。彼女たちが可能性を広げて、少しでも夢が実現できるよう共に進んでいきたいと思います。

夫が働かず酒飲みで、暮らしが立ちゆかず、見かねた近所の人の勧めで紅茶農園に働きにきた女性がいました。よく働いて小さな家を建て、ブタも飼えるようになりました。それを知った夫も改心して戻ってきて、今では一緒に働いています。女性に経済力が付くことで、家庭がうまくいくようになりました。
今でも農村部では女性はお金のかからない労働力とみなされ、妻を二人、三人ともつことは珍しくありませんが、女性たちが仕事の機会を得て収入が増えてくると家庭の中での地位が上がり、お金の使い道も決められるようになると思います。

丑久保　コーヒー栽培を支援してきた西ネパールの生産者協同組合は、かなり力をつけてきました。私たちがすべての情報を開示、指導して、韓国のフェアトレード団体につなげることができたからです。今ではそちらの方が彼らにとっては大きな市場になっています。生産量も双方に供給できるほどではなかったので、ネパリからは卒業してもらうことになりました。今まで一緒に仕事をしてきた生産者との別れは寂しいですが、卒業があるからこそ次の活動に着手できるので、喜ぶべきことと戒めています。おかげで今までずっと気になっていたけれど手がつけられなかったシリンゲでの活動を始めることができました。

子島　最近発売された「シリンゲ村物語」というコーヒーですね。この村はよりいっそう厳しい経済状態のようですが、変化にはやはり十年かかるでしょうか？

土屋　これまで蓄積してきたノウハウと人間関係があるので、もう少し早く変化は現れると期待しています。

子島　最後に、国際協力に関心を持つ大学生の間で、フェアトレードは結構人気があるんですが、学生に対する注文は何かありますか？　私たちも毎年、委託で商品を販売させてもらっています。

土屋　委託はこちらの負担も大きく、売れなかった商品が汚れて返ってきたりすることがあると、考えてしまいますね。一度、商品を買い取って、自分たちでリスクを負ってみるのもいいかと思いますよ。売るためにいろいろ考えたり、工夫したりすると、その商品に込められている「現地の思い」も見えてくるのではないでしょうか。

それと、在学中は一生懸命でも、卒業したらどうしても意識が薄れてしまうようですね。次に続かないというか、活動の将来像が見えないですよね。そのあたりは虚しさを感じてしまう時もあります。

子島　ぺぱっぷの太田さんも「学生の組織は継続性が問題だ」と言っています。学生時代には、大人――私のようなおじさんのことですが――がびっくりするようなパワーを放出するのに、社会人になるとそれがどこかに消えてしまう。会社に吸い取られてしまっている部分も大きいとは思いますが、それだけじゃないですね。やはり、「国内で気軽にできる国際協力」というフィールドをもっと広げていくことが大事だと思います。フェアトレードに加えて、古着の収集、エコキャップ（ペットボトルのキャップをリサイクルし、その代金を途上国でのワクチン接種に回す）、絵本を届ける運動など、NGOが作ってきたさまざまなメニューを、小学校から大学までの教育機関でもっとフルに活用していく。そうすれば、社会人になってからも、「そうだ、今度あれをやってみよう」ということになっていかないかな、そんなふうに期待しています。

丑久保　一人一人が、精神的にも、経済的にもできるだけ自立して、本当の意味で相手のためになることを願いつつ、自由というものを謳歌《おうか》して欲しいと思います。そして、無理せずできる範囲でよいので、商品を買うことなど、日常の生活の中で応援していく姿勢を持っていただけたらうれしく思います。

三―二　シャプラニール　小松豊明さんインタビュー

日時　二〇一〇年二月十七日
場所　シャプラニール事務所（東京都新宿区早稲田）
書記　安西孝史・大石真夢

小松豊明さんは、シャプラニールのクラフトリンク部門のチーフです。二〇〇一年にシャプラニールに入り、手工芸品部門（現在のクラフトリンク）の担当、ネパール駐在員などを務めました。二〇〇六年にネパールから帰国後、再びクラフトリンクの担当となって四年目です。

子島　小松さんの考える「フェア」とは何でしょうか？　それがシャプラニールのフェアトレード活動において、具体的にどのような形をとっているのか？　今日はその点を中心にお話をうかがいたいと思います。

小松　「フェア」には、生産者の受け取る賃金、さらには生産者の置かれた環境や労働条件の改善なども含まれます。シャプラニールが日本で売っている商品は、バングラデシュやネパールのNGO―私たちのパートナー団体―が生産や販売を管理しています。生産者に給料を払うのもパートナー団体です。日本のNGOであるシャプラニールにとっては、貧しい生産者の生活向上はもちろんですが、現地のNGOの能力向上を支援することも、とても大事なことだと考えています。取引の継続性や伝統文化の尊重も、シャプラニールは大事にしてきました。団体によっては、地域の伝統を無視したデザインを依頼したりするようですが、シャプラニールは伝統的デザインを残すことにこだわりを持っています。

子島　生産者の賃金はどのように設定されているのでしょうか。

小松　わかりやすい数字を挙げて答えるのが難しいですね。現在、バングラデシュで九つ、ネパールで六つのパートナー団体と一緒に仕事をしています。生産者への支払いは、それぞれのパートナー団体が行っていますが、それぞれ規模や経営状況にかなり差があります。生産者にも、工房などでフルタイムで働く人もいれば、自宅で手の空いた時間だけ作業をしている人もいて、条件がさまざまです。ですから「額はこのくらい」と一概には言えませんし、シャプラニールでも「いくら払わないといけない」という基準は設けてはいません。ただし、現地の日雇い労働者や公務員の給料と比較して極端に少なかったり、あるいは支払いが滞っていたり、経営に不透明な部分があるような場合には、パートナー団体に改善を促します。パートナー団体とは定期的に意見を交わしていますので、その際にこれらの部分をチェックしています。問題を指摘しても改善が見られない場合には、パートナーシップを解消することもあります。

子島　空いた時間にちょっとだけ作業をしている生産者の場合はどうでしょうか？

小松　その場合には、手工芸品を作った分だけ賃金をもらう形なので、手取り額はかなり上下します。「今月は全く注文がなかった」という場合には、ゼロになってしまいます。また発注には多い少ないの波がどうしても出ますから、すべての生産者に恒常的に仕事を提供できているわけではありません。それが理想通りにいかない現実です。パートナー団体はシャプラニールとだけ取引をしているわけではないので、一概に私たちだけで何とかなる問題ではありませんが、そこの部分は常に解決すべき課題として頭にあります。

子島　少し角度を変えて、国内の販売価格のうち、何割くらいが生産者に行くのでしょうか？　もちろん商品によってだいぶ違いはあると思いますが、おおまかな見当としてどのくらいでしょうか？

小松　定価のおよそ一割と考えてもらえればいいと思います。「生産者の取り分を多くするべきだ」という意見はもっともですが、輸入、商品の保管、カタログの制作費などにお金がかかります。もっと多く売れれば、単価も下げられると思います。

（シャプラニールのホームページには、「ノクシカタきんちゃく象」の事例が掲載されています。一九〇〇円の商品ですが、二二〇円ほどが生産者の賃金となるとのことです。バングラデシュでは、これでおよそ五キロのお米を買うことができます）

子島　現地の物価からすると、生産者がもらっている賃金はそんなに悪くない額である。しかし、現時点では日本でのコストが高いので、相対的に定価に占める取り分は小さいというわけですね。たしかにもっと多くの商品を輸入すれば、一個あたりのコストは下がると思いますが、扱っているのは手作り商品です。生産者に無理がかかるということはないでしょうか？

小松　現在、現地の生産能力を目いっぱい使っているという状態ではなく、余裕があります。取り扱っている商品は、特別な技術を持っていなくてもトレーニングを受ければ作れるものですし、実際に作っているのも農村や都市の貧しい女性たちがほとんどです。

子島　パートナー団体についてもう少し詳しく聞かせてください。

小松　「シャプラニールはなぜ生産者と直接取引しないのか？　中間業者はいらないのでは？」とよく言われます。それに対しては「パートナー団体は、搾取している中間業者ではありません。生産者の側に立って発注管理や品質管理を行っている、言ってみれば、良心的な仲買人なんです」と答えるようにしています。パートナー団体を探すに際しては、生産者の生活向上という目的を私たちと共有するところを、時間をかけて選んでいます。

子島　パートナー団体は賃金を払うだけでなく、生産者の「生活向上プログラム」も行っているかと思います。シャプラニールは、パートナー団体あるいは生産者グループに対して、いわゆるプレミアムを支払っているのでしょうか？

（フェアトレード・ラベルのついているコーヒーの例で説明すると、代金とは別に二〇％のプレミアムがついています。そしてこのお金は、生産者個人ではなく、地域のために役立てられることになっています）

小松　シャプラニールの扱っている商品では、買い取り価格以外は支払っていません。しかし、私たちのパートナー団体は、リーダーシップ研修や家庭菜園教室、医療費や教育費の補助など、さまざまな取り組みを行っています。内容については団体によって異なりますが、こうした生活向上への取り組みの有無は、その団体と付き合いをするかどうかの判断材料の一つにもなっています。

子島　パートナー団体は輸出にばかり頼るのではなく、国内での販路拡大にも力を入れるべきだと思うのですが、どうでしょうか？　バングラデシュのＢＲＡＣ（アーロン）は、国内で九割を売り上げていると聞いています。

小松　たしかにＢＲＡＣは、企業的経営努力のおかげで国内流通に成功しましたし、バングラデシュでは国内市場向けの販売の割合が比較的高くなりつつあります。一方ネパールでは昔の日本で「舶来品」が喜ばれたように、外国製品をありがたがる風潮もあり、まだまだ国外市場への輸出に頼っています。しかし、一部の意識ある中間層が生活の中に取り入れようとする動きもあります。生産国内での流通量を増やしていくことは、継続的かつ安定的な市場を確保するという意味でもとても重要だと思います。

子島　どれか一つ商品を具体的に紹介してください。小松さんが「これはフェアトレードの特徴がよく出ている商品だ」と思うものをお願いします。

小松　ジュートワークスの作っている「ジュート・サンダル」でしょうか。年間三千足ほど売れていて、これぞ「女性の仕事作りの立役者」とも言える商品です。ジュートはバングラデシュの田舎に自生しているので、どこの家でも手編み作業をしています。特別な技術を必要としない、女性が始めやすい仕事です。ただし、誰にでも取り組めるということで女性の雇用ニーズに応える一方で、生産者の数が多くなりすぎて、全員に仕事が回らないという課題も抱えています。

子島　ジュートワークスはバングラデシュでも古株の団体ですよね。二〇〇六年にゼミでバングラデシュを訪れたときに、事務所に行きました。

（ジュートワークスは、バングラデシュの独立直後の一九七三年に設立されています。シャプラニールとの付き合いは古く、一九七四年に遡《さかのぼ》ります。シャプラニールは最初のころ、村の女性たちと直接やりとりをしていましたが、わりと早い段階でその仕事をジュートワークスに請け負ってもらうようになったとのことです。この団体には、現在約五千人の女性生産者が参加しています。生産者はグループを作り、賃金の一〇％を貯蓄して、必要なときに融資を受けることができるようになっています。その賃金を元手に、小規模ビジネスを始めた例もあるとのことです）

小松　ジュート・サンダルの販売を開始するにあたってのエピソードがあります。もう二十年ほど前の話ですが、当時の担当スタッフがジュート・サンダルに出合い、「これは売れる！」と確信したのです。しかし、周りのスタッフは「こんなもの売れるはずがない」と大反対だったそうです。それでも反対を押し切って販売してみると、なんとこれまでに三万個以上を売り上げるヒット商品になったんです。イベントなどで販売していると、買い替えに来るお客さんをよく見かけます。

子島　最後に、今後の展望について聞かせてください。

小松　昨年、パートナー団体とワークショップを行ったところ、「もっと商品を買ってくれ」という声が大きかった。継続的な発注を通して、その声に応えていきたいと思っています。

フェアトレードに対する日本での関心が高まっているのは感じます。特に大学生が関心を持っていて、教育に取り入れようとする動きも目につきます。ラベルのついた食品が高い伸びを示す傾向が続きそうで、手工芸品がメーンのシャプラニールとしては正直焦りも感じます。しかし、手工芸品市場もゆっくり伸びてきています。もうすぐ手工芸品用のラベル（認証制度）も始まることになっていますが、そうなると企業が参入しやすくなります。フェアトレードを取り巻く市場動向が変化していく中で、団体の存在意義を常に確認しながら、活動を進めていきたいと考えています。

三—三　市原裕子さんインタビュー

日時　二〇〇九年十二月十二日
場所　シャプラニール事務所（東京都新宿区早稲田）
書記　石附さゆみ・嶋田琢馬

市原さん（旧姓土田さん）は一九九〇年五月から九二年の十月まで、青年海外協力隊の手工芸隊員として、バングラデシュのパブナで活動しました。市原さんが始めた活動は、その後「象の小銭入れ」というシャプラニールの人気商品を生み出すことになりました。今回、シャプラニール事務局長の筒井哲朗さんからご紹介いただき、市原さんに二十年前の思い出の引き出しを開けていただきました。

私が派遣されたパブナという町は、バングラデシュ北西部に位置し、首都ダッカから、当時はバスで七時間近くかかりました。このパブナに行く最初の手工芸隊員として、パブナ郡中央協同連合組合（日本でいうと農協でしょうか）に派遣されました。しかし、決められた仕事はなく、組合員の生活向上のためになる活動を、自ら考え実行しなければなりませんでした。そこで商品を作るために、現地の女性限定のトレーニングを始めました。午前十時から午後二時、一カ月間です。針を持ったことがない、文字も書けないという人がたくさんいて、何も作業をせずに帰って行く人もたくさんいました。トレーニングに来るとお金がもらえるので、文字通り寝て帰っていく人もいました。

村を回ってみると刺繍をできる人は少なかったんです。それで組合員の中でも素直な人、向上心のある人を集めることにしました。このとき、まずノクシカタのコースターを作りました。それをもとに、「象の小銭入れ」が出来上がることになります。

彼女たちは綺麗に作っているつもりでも、とても商品にして売れるようなものではないんです。「商品にするんだから、もっと綺麗に作ってください」と言っても、なかなか理解してくれない。特に年配の女性が作ったものは、売りに出す前に、飛び出している糸などを私が自分で手直ししました。いろいろな女性たちが集まっているので、悪口を言いあったり、ケンカしたりなど人間関係も大変でした。活動していくにつれて良くなっていきました。

三つ四つの村で数十人にトレーニングして、さらにその中から刺繍を続けてお金を稼ぎたい人を募りました。一九九一年六月から、各村のリーダーの家に集まって作業が始まりました。週一回、できた商品の回収に回りました。決められた個数が出来上がってないこともあり、そんなとき女性たちは私を懸命にもてなして、できていないことをごまかしたり、時間稼ぎをしたりしていました。初めの頃はそんな感じで、決してうまくいきそうになかったのですが、作らなければお金が貰えないということで技術も向上していき、一カ月に二十個近く作る人もでてきました。

集めた商品は、私自身がバスでダッカにあるカルポリに持っていきました。カルポリは、バングラデシュ農村開発局のお店です。ここで手工芸品の生産販売を行うという「カルポリ計画」には、私も含めて何十人もの協力隊員がかかわりました。当時のカルポリは（今もあまり変わりませんが）立地条件や品揃えは、バングラ国内でも有名なアーロン（ＢＲＡＣのお店）とは比べ物になりませんでした。ただ、それでがっかりしたわけではないんです。逆に私自身、ここだったら初心者が作った物でも置いてもらえるのではないかという気安さを感じていたというのが正直なところです。一回につき百～二百個持って行くのですが、それでもいくつかは「販売できない」「手直しをして欲しい」とつき返されてしまうことがありました。

（パブナからダッカまでの交通費は活動費としては出なかったので、現地の生活費から工面していたそうです。また、当時パブナでは十分仕入れることできない刺繍用の布や糸も、数回分生活費の中から工面し、ダッカに出た際に仕入れていたそうです。その後、布や糸の経費は、収益から出せるようになったそうです。あるとき、パブナからダッカに向かう途中、暴動が起きて道がふさがれ、バスの中に十七時間も閉じ込められたこともあったそうです）

コースターは一個二〇タカでカルポリに卸され、三〇タカで販売されました。一人が一カ月に十個くらい生産し、月七〇タカ程度の収入を得ていました。パブナで得られるほかの仕事より、収入は割高だったと思います。生産者の女性たちは、稼いだお金を結婚式や教育に使っていました。実は売り出した当時は部外者にはほとんど売れず、同僚の隊員たちが日本に帰るときに、お土産として買ってもらっていました。商品の納期を、隊員の帰国時期に合わせたりもしていました。

後任の鈴木道子さんが、商品のバリエーションを増やすために、小銭入れやブックカバーを作りました。技術の向上で一人当たりの生産量が増え、コースターだけでは商品が供給過剰になったからです。小銭入れは、最初は四角い形でしたが、その後今の丸形になりました。小銭入れやブックカバーの元のデザインは、私がたまたまカルポリで見つけて、コースター用に使わせてもらっていました。本当は、オリジナルそっくりに鉛筆で写し取ったつもりだったんですが、そのとき丸っぽくマンガみたいな絵になったようですね。

実は最初のデザインは象だけではなく、蝶やクジャクなど八種類もありました。カルポリに持っていくうちに、「どうも象が一番売れる、象を作ってきて」「象が売れるから、ほかは少しでいい」ということになっていきました。

私が帰国した後ですが、九六年には生産者七十人にまで増えています。一月に千個以上生産するようになり、一人あたりの平均収入も二〇〇〇タカになりました。成功した要因として、参加者に若い女性が増えたこと、しっかりしたリーダーが育ったことがあると思います。私がいた当時十六歳だったシャビナさんは読み書きができて、横領にも気付くことができたので、自分たちの利益をしっかり守ることができました。

市原さんのお話は以上です。一九九〇年代の中頃、シャプラニールのダッカ事務所に駐在していた筒井さんが「こんな商品がありますよ」と東京の事務所へ情報を提供しました。それがきっかけで、一九九七年からシャプラニールとカルポリの取引が始まりました。以来、もう十年以上もカルポリの製品を、シャプラニールが日本で販売していることを、市原さんはとてもうれしく思っているそうです。

青年海外協力隊の元隊員といっても、日本で暮らしているとなかなか国際協力にかかわれないという市原さん。今回は、久しぶりに当時のことを思い出して感慨深かったとのことでした。

三—四　ぺぱっぷ

神戸のぺぱっぷの活動は、私たち東洋大の学生たちにとっても大きな刺激となっています。今後、オリジナル商品の開発を企画していくうえでも、貴重な先行事例となるでしょう。二〇〇九年の新聞記事「おすすめ商品」のためにメンバーの岩下さんと喜多さんが書いてくれた文章に、代表の太田先生よりお寄せいただいた文章をあわせて紹介します。

ぺぱっぷとドライマンゴー

岩下光恵・喜多彩乃

「ぺぱっぷ」は、神戸大学の太田和宏准教授と学生が中心となり、二〇〇二年に発足した団体です。Peoples' Empowerment Partnership upon Peace「平和と自立のためのパートナーシップ」の略称と、Pep Up!（頑張ろう）を掛けています。ドライマンゴーのフェアトレードを中心に、他団体への普及や啓発に取り組んでいます。

私たちの顔ともいえる商品のドライマンゴーは、フィリピンのセブ島に拠点を持つSPFTC（Southern Partnership for Fair Trade Center）が、貧しい農家やスラムの青年を組織して生産しています。原料のマンゴーを生産する農家の人々は山奥に住んでおり、市場へのアクセスが困難でしたが、SPFTCと取引するようになって、食事や教育など生活は少しずつ改善しているそうです。スラムの青年たちは、私たち消費者においしい商品を届けるため、そして何よりも大切な家族のために、ドライマンゴーの生産に励んでいるのです。彼らが家族のためにうれしそうに食料や衣服を購入している姿は、今でも脳裏に焼きついています。

もともとマンゴーはビタミンCが豊富で、美容や健康に良いと言われています。ぺぱっぷのドライマンゴーは無添加無着色なので、さらに体に優しい商品です。そのまま召し上がっていただくのも良いですし、ヨーグルトに一晩つけるとドライマンゴーがプルプルの

セブのマンゴー農家を訪れたメンバーたち

フレッシュなマンゴーに変わり、より一層おいしくなります。また、ケーキなどお菓子の具として使ってもおいしいです。購入していただいた方には「一度食べだしたらとまらなくなる」といううれしい声をいただいています。

こうして、フィリピンの思いが詰まったドライマンゴーを、学生が輸入し、販売しています。右も左もわからないまま、何度も税関や検査所に足を運んで試行錯誤を繰り返し続けた輸入も次回で八回目となります。考え方や時間の流れが異なるために、製品や取引上の問題が発生してもフィリピン側と歩調が合わないことも少なくありません。しかし、そうしたもどかしさを通じて、お互いの考えや状況を学んでいます（年に一度のスタディツアーが、互いの意思疎通のずれを解消する貴重な機会となっています）。販売では、学生中心組織の強みを生かして、全国の多くの大学生協や市民組織に卸しています。今年度は新たな販路拡大を目指し、京阪神圏の自然派志向のカフェに販売をお願いしてきました。現在、年間の販売数は三千個、売り上げ高は四〇万円となり、その活動が少しずつ実を結び始めています。

フィリピンで見たこと・感じたことを少しでも多くの人々に届けたい。ドライマンゴーを売るだけでなく、その背景にある大切なことを「知ってもらうこと・目を向けてもらうこと」にも力を入れています。

つねに暗中模索のフェアトレード

太田和宏

失敗は成功の母である。そうに違いない。だが、それは成功したものが後から振り返って言えることなのだろう。渦中にある者は真っ青になって必死にもがくしかない。団体を立ち上げて十三年目になろうとしている。学生中心の団体ながら途上国生産者と直接取引をし、輸入業務まで行い、周囲からその活動をそれなりに評価していただいているらしい。しかし、今日に至るまで順風満帆には程遠く、いまだ試行錯誤が続いている。

さまざまある課題のうち、ここでは草の根手探り団体としての苦戦と、学生中心団体としての苦悩の二つについて紹介したいと思う。

ぺぱっぷのフェアトレードは、そもそも失敗から始まった。フィリピンからのドライマンゴーの輸入はぺぱっぷ単独ではなく、すでにフェアトレード雑貨の輸入販売で実績のあった団体Aと教会系活動団体Bとの共同活動として始まった。輸入のいろはもわからぬぺぱっぷは、他団体の経験と実績にあやかろうという算段であった。二〇〇二年、労少なくして第一回の輸入と相成った。ところが、港に到着したマンゴーに大問題が発生。日本で使用禁止の添加物が検出されたのだ。日本への荷揚げは不許可。三団体とも呆然《ぼうぜん》、憤懣《ふんまん》、諦観《ていかん》の混じった複雑な心境を抱えたまま、残された選択肢、荷物のフィリピンへの返送作業を粛々と進めるしかなかった。何の成果もないままドライマンゴー代、往復船賃、倉庫保管料等の経費約三〇万円だけが残った。通常の商取引であれば製造元責任で全額弁済を要求するところだが、なにせフェアトレードは「倫理的取引」であり、先方NGOの活動にダメージを与える無理な請求もできない。結局、輸入三団体および製造元NGOで経費の痛み分け。こうして第一回の輸入は赤字のみを残し大失敗。

日本側としては、添加物混入の原因とプロセスについて説明を求めることになった。その後、文書でのやり取りを何度かしたにもかかわらず、明快で納得しうる回答は得られなかった。先方NGOのビジネス感覚の甘さである。団体A、Bともども、これほどリスクの大きいトレードはこりごりと、輸入事業から撤退。他団体にあやかって輸入を始めようとした甘い考えのぺぱっぷには、赤字財政ばかりか、輸入パートナーさえ失うという報いが下った。

さて、残されたぺぱっぷは、これから一団体でどうするべきか思案のしどころ。他団体のように手を引くという選択肢は私たちの頭にはほとんどなかった。なぜなら、私も含め当時の学生は実際にフィリピンを訪れ、生産者と顔を合わせ、彼らの生活改善への努力を目の当たりにしていたからである。いくら取引上の過誤があったとしても彼らの取り組みを見捨てるわけにはいかない。といって、製品改善の目途も輸入手続き習得への確信も全くないし、「なんとかのりきってやるぞ」という燃えたぎるような情熱を持ち合わせていたのでもない。言ってみれば「なんとかならんかな」という少々「弱気な執念」という程度のものが活動継続の支えだった。

実際、この段階から正式輸入にこぎつけるまでかれこれ二年近くかかった。その間、生産者NGOも製品改善の努力を重ね、人工添加物をすべて排し、カラマンシーという果実の天然ビタミンCと砂糖のみによる品質安定化という技法を開発してくれた。以前は化学物質を添加していたのに対し、文字通り「無着色無添加」に変身した。全くもって怪我の功名である。と同時に、フェアトレードというのは生産者・購買者双方のやり取りを通じて製品を作っていく過程が重要だということも実感させられた。

輸入手続きに関しては、私も学生も知識ゼロであったので、本やネットで情報収集をしながら税関を再三訪れ、わからないところを教えていただいた。検疫手続きについても検査所等にお世話になる。幸いなことに、税関でも検査所でも予想に反して（失礼！）、会う人会う人がことごとく親切で丁寧な対応をしてくれた。おかげで、時間はかかったものの業者も通さずなんとかわれわれだけで直接通関手続きができるようになった。

こんな過程を経て、ぺぱっぷとして単独で輸入が可能になったので、初めて港で荷受けをした時に涙をほろりと流したメンバーもいた。三〇万円近くの輸入関連経費全額をぺぱっぷが単独負担せざるを得なかった（実際には有職者メンバーが負担）ことが準備の周到さと慎重な対応につながり、輸入にこぎつけたのかもしれない。今では学生のみで海外送金、食品検査、通関業務、荷受け作業ができるまでにノウハウが蓄積されてきている。

成功したという感覚は毛頭ないが、多少あきらめずに努力を重ねれば何とかなるかもしれないという楽観論は身についたように思う。同時に、こうした経験を通じて感じたことは、たかが草の根の小さな取引といえども、生産者は言うに及ばず、役所、業者、小売り店、NGOそして購買者と実に多くの方々の支援と協力で成り立っているということだった。フェアトレードは、途上国の生産者と先進国の購買者を直接結びつける活動だとはよく指摘される。実のところそれだけではなく、途上国のフェアトレード製品が、先進国の中でのさまざまな人々を結びつけてくれるという重要な側面も持ち合わせている気がする。

二つ目は学生中心の団体としての苦悩である。ぺぱっぷは「学生団体」であるつもりはなく、もともとは学生のみならず仕事をもった社会人が気軽に途上国問題、開発協力にかかわれる機会をつくろうというのが設立趣旨の一つであった。紆余《うよ》曲折を経て、現段階では実質的に学生中心団体になっている。

学生中心の活動は、いろんな意味で利点がある。利益を副次的に考えられるので経営体として取り組む店舗・企業以上に、フェアトレードの啓発的側面に重点を置いて活動できる。学生には時間も十分あるので情報発信、イベント開催、スタディツアー企画等の活動範囲が無限大に広がる。また販売促進、「営業活動」に関しても、学生さんの取り組みだから応援しよう、と好意的に見ていただけることが多い。一時は神戸市灘区役所からお声掛けいただき、地域商店街にお店「ぺパップ・ポイント」を持たせていただいたこともある（二〇〇五―八年）。これも学生のユニークな活動を応援しようという行政の温かい対応によるものだった。

半面、学生中心団体だからこそ生じる難題も当然抱えている。組織・活動の継続性の問題である。学生は数年で大学を去る。卒業後もフェアトレード活動、特にぺぱっぷの運営にかかわってほしいというのが本音ではあるが、それぞれ置かれる立場も事情も変わるので、そうそううまくは運ばない。組織構成員が三年、四年で変わることになる。昨今は就職活動が厳しくなってきたあおりで、ともすると中心メンバーは一、二年で交代する。メンバーの入れ替わりが早いということは、組織の運営、考え方、ノウハウすべてにおいて流動化を招くことを意味する。学生は自分の在籍する間にいろいろアイデアを提案しそれを実行する。それはそれで組織の活性源としてよい半面、中心メンバーが一線を退いた後、後進がそれをきちんと引き継ぐとは限らない。こうした問題はさまざまな局面で生じるが、特にトレード、つまり商行為に関連しては結構深刻な問題につながりうる。

たとえば、ある販売制度をいったん導入すれば、組織としては少なくともしばらくはそれを維持しなければならない。ところがメンバーが大学卒業と同時に組織からも去るという循環の中では、制度を導入した世代はもういないかもしれず、その制度がマイナスの効果を生んだ時に、誰が責任をもって対処するかがはっきりしなくなる。以前の経緯を理解していないメンバーにとって、与えられた制度にモチベーションを見出すことは難しいかもしれない。

さらに財務上の問題は大きい。赤字が生じたとしても、一人一人の学生がそれに責任を負うわけではないし、卒業し組織を去ればそこへの関与も関心もなくなる。しかし組織ぺぱっぷとしての赤字財政は残る。到着したドライマンゴーが販売できない状態だったことが幾度か重なり、一時は六〇万円を超える借金状況にも陥った。実際、赤字を抱える状況に疑問を感じ組織を離れたメンバーもいる。こうした問題をどのように解決していくのかについての明快な戦略は今のところ持ちえていない。幸い、代々のぺぱっぷメンバー、学生諸君の努力のおかげで、十年たって漸《ようや》く財務も黒字転換しつつある。しかし、いつまた赤字に転落するかわからない中で、学生中心組織としていかに「経営」の健全さを維持するのかについては、いまだチャレンジとして残されている。

ぺぱっぷはこんな形でいつも課題を抱えながら今日までなんとかやってきた。失敗から学ぶ、などと余裕をもって言える立場にはほど遠く、常に暗中模索である。しかし、最近こんな模索の過程こそが、メンバーの財産であり、草の根活動の本髄かとも思えるようになってきた。生産者との関係を大切にしつつ、華々しくなくともぺぱっぷらしい活動のありかたを今後も探っていきたい。

三—五　北星フェアトレード

「入学式や卒業式の記念品にフェアトレード商品を」というアイデアを、子島先生は以前から通学バスの中や居酒屋で語り続けていますが、いまだ東洋大では実現にいたっていません。この文章を読むと、北星学園大の学生や教員が、試行錯誤しながらも、学内外のさまざまな機会を利用して、活動の幅を広げていることがわかります。

「買い物で生まれるチャンス」を合言葉に

津田彩花

北星フェアトレードが活動を開始してから五年がたちます。「買い物で生まれるチャン

SDUWのノクシカタと津田さん

ス」を合言葉に、現在十五人の学生と教員で活動しています。主に学内生協、札幌市内のショッピングモールにて、商品の紹介や販売を通じてフェアトレードを広めることを目標にしています。

この「買い物で生まれるチャンス」という合言葉を決めたのは、二〇〇九年のことです。私たちが普段あまり知る機会のない現地の状況を知る〝チャンス〟を得るとともに、生産者が自分の未来を選択する〝チャンス〟、自分らしく生きる〝チャンス〟を得られるようなお買い物になるようにとの願いを込めて考えました。

現在、北星フェアトレードは三カ国四団体の生産者団体と直接連携し、商品の管理・質の向上等に努めています。その中でもとりわけバングラデシュの二つの団体と深くかかわりを持っています。一つ目がノクシカタ生産者SDUW（Skill Development for Underprivileged Women）です。このNGOは、首都ダッカに住む夫を失った寡婦、母子家庭の母親、そしてさまざまな障害を持つ女性たちの生活向上を目的としています。刺繍の技術指導に加えて、識字教室や保険・栄養サービス・家族計画教室・託児所の運営・貯蓄の奨励など、女性のための社会開発・教育活動を併せて実施し、働く女性たちとその家族の総合的な生活・権利の向上を目指しています。女性たちは、技術力の向上のため六カ月の研修を受けた後に、このノクシカタ製作に取り組みます。最初は簡単な紋様から始め、技術が向上するに連れて人物へ、そして顔、最後は目と、徐々に複雑で高度な技術が必要とされる部分を担当します。SDUWはバングラデシュのノクシカタ生産者団体の中でも高い刺繍技術をもっており、斬新なデザインと刺繍技術の高さで、他に抜きん出た存在となっています。

二つ目がストリートチルドレンの自立支援を行うエクマットラです。このNGOは首都ダッカに住むストリートチルドレンの支援活動、啓発活動を行っています。青空教室、シェルタールーム、そしてアカデミーの三ステップによって、子供たちの社会復帰、自立を支援しています。青空教室では、ストリートチルドレンたちの教育を行います。シェルターホームでは、意欲を持ち親からの許可を得られた子供たちが、通常教育を受けながら、共同生活を通して社会生活の基礎を学びます。そして、アカデミーでは職業訓練を受けます。その一方で、富裕層、一般層向けの啓蒙活動として映画の作成や、ストリートチルドレンと富裕層の子供たちの交流も行っています。私たちはこの団体の製作したTシャツ、ミサンガ、ポストカードを紹介販売しています。また、北星大では新入生へのプレゼントがあるのですが、それをこの団体を通じて調達しています。昨年のクリスマスフェアトレードでは、バングラデシュと会場をスカイプでつなぎ、エクマットラで活動している渡辺大樹さんの講演を遠隔交流で実施し、エクマットラの制作した映画の上映も行いました。

私は一年生の時から活動してきて、今年で三年目になります。特に昨年は私にとって、出会いの多い、とても印象に残った一年でした。

二〇〇九年の春。新入生に入学式で配られる後援会からのプレゼントにフェアトレードの商品が採用され、千五百人の新入生、編入生にフェアトレードのバッグとミサンガが送られました。二〇一〇年度新入生へのプレゼントにも、フェアトレード商品が採用されています。このプレゼントをきっかけに、北星フェアトレードに入った新入生もいます。

学内の活動では、生協会館にフェアトレード商品を常設しました。想像以上に商品が売れ、フェアトレードへの関心が高まってきていることを実感しました。

六月のフェアトレードフェスタでは、北星フェアトレードとしての出店に加えて、実行委員会のメンバーとしてパネル展の準備や運営等にもかかわりました。フェスタ前日には大学生協で商品販売、ワークショップを行いました。フェスタは、大通公園という野外で人通りの多い場所での開催のため、多くの市民が多く訪れます。商品を買ったり、説明を聞いたりと、多くの人がフェアトレードに初めて触れる場となっていました。

冬には札幌市内のショッピングモールで、クリスマスフェアトレードを開催。過去最大規模のイベントとなりました。このイベントでは、より多くの市民の皆さんにフェアトレードを身近に感じてもらえるよう、商品販売のほかにファッションショーやバングラデシュとの遠隔交流、シニアバンドによる演奏などを盛り込みました。このイベントをきっかけに交流を深めようと、学外の団体にも出店してもらいました。札幌近郊の大学団体と連携して、一緒に北海道を盛り上げていけるネットワークづくりを進めています。

また、二〇一〇年の春には有志の学生でバングラデシュへのツアーに参加し、エクマットラを訪れ、子供たちやスタッフと交流しました。現地の状況を直接肌で感じ、見てきたこと聞いてきたことがたくさんあります。それをもとに、エクマットラをはじめとする団体と連携を深めていきたいと思います。

今後は、学生団体とのつながりを大切にし、外との交流を増やす。自分たちでスタディツアーを計画し実行する。生産者団体との連携を深めオリジナル商品を増やす。これらの活動を通して、よりフェアトレードの認知度を高めていきたいと思います。

奇蹟の刺繍が語るもの—SDUWとの二十年を振り返って

萱野智篤

SDUWと出合い、その作品を紹介し始めて、かれこれ二十年近くになる。そのうち五年は、学生たちと一緒に、フェアトレードの旗を掲げてやってきた。

胸を痛めた悔しい思いがある。涙をのんで下した決断もあった。そんな中でも、逆境に前向きに立ち向かう人々に勇気づけられてここまでやってきた。そんな経験を紹介して、フェアトレードに関心を持つ読者の皆さんの何かの参考になればと思う。

禍福は糾える縄のごとし、と言うが、この二十年を振り返ってみると、成功と失敗が連続…というか、成功の中に失敗の始まりがあり、失敗の中に成功の種があるという経験を何度かしている。

成功／失敗　一九九二〜一九九四年

一九九二年、まだ私がバングラデシュに駐在していた時、実家のある北海道の町で、SDUWの作品に感動したボランティアの人たちが、喫茶店をギャラリーとして展示会を実施してくれた。この展示会では、わずか一週間の期間中に一五〇〇万円を超す（現在の価格に直すと五〇〇〇万円近くになる！）注文が集まった。大成功である。

注文を受けたSDUWの当時の代表は狂喜した。彼は、「旅団長」という肩書を持つ元軍人で、経営のセンスは未知数であったが、このような大きな注文がこれ以後も続くことを期待して、生産規模拡大に走った。新しいメンバーを加え、材料を買いそろえ、海外の見本市にも積極的に出かけ、ビジネスの拡大を夢見た。

当時の私は、日本に本部を置くとあるNGOのバングラデシュ駐在員、災害対策・農村保健プログラムが本業で、SDUWとの関係はあくまでも一顧客であり、日本の実家へのSDUW作品の紹介や、そこから始まった展示会は自然発生的なボランティアとしてのものだった。フェアトレードについては、…恥ずかしいことにこの頃はほとんど何も知らなかった。

一九九三年、故郷で展示会を開いてくれたボランティアたちは、せっかく縁ができたバングラデシュへ行って、ノクシ・カンタの故郷を訪ねようと平均年齢六十歳超のスタディツアーを企画した。このツアーはSDUWを訪問して歌や踊りの文化交流を行い、さらに南西部のジョソールに行って昔ながらの家族のためのノクシ・カンタ製作や、商品化して村づくりに取り組む地域を訪ねるなど意欲的なものだった。旅の思わぬ味付けとなるような小さなアクシデントも含みつつ、バングラデシュの人々との数多くの心地よい出会いを胸にツアーは終了した。

しかし、SDUWが最大の危機を迎えたのは、それからわずか半年後のことだった。

一九九四年夏、日本から届いた新しい注文を知らせようとセンターに立ち寄った私は、すでに看板が撤去されて、入り口に鎖と鍵がかけられた建物の前で呆然と立ちつくした。電話も全く通じない。SDUW関係者との連絡は、突然途絶えた。

一年近くたって、かつて経理を担当していたアニス氏が私の自宅を訪ねて事情を説明してくれた。九二年後半から代表者の鶴の一声で、拡大路線を取り始めたものの、海外からの注文は思ったようには増えず、一九九三年後半から経営は火の車の状態となった。それが最終的に行き詰まったのが一九九四年夏。職員の給料を支払えないばかりか、活動場所であるセンターの建物の賃貸料も払えなくなり、ある日、センターから撤退せざるを得なくなったのだった。

日本のボランティアの人々は、心からの善意で展示会を企画し、また交流を深めようとバングラデシュまで来てくれた。だが、当時の私がフェアトレードについて無知だったように、彼らもSDUWとの関係をフェアトレードの特長である「長期安定的な」関係に発展させていこうという見通しは持っていなかった。私がボランティアの人たちと、SDUWの間に立ってやっていたことが、結果的にSDUWに過剰な期待を持たせてしまったのではないか。センターで働いていた多くの人たちは、センターが閉鎖された後、どうしているのか、それを思うと胸が痛んだ。

アニス氏自身は、もともと繊維関係の会社で経理を担当しており、SDUWの仕事は、専門知識を生かして自分が社会に貢献できる（きびしい状況に置かれている女性たちを応援できる）ボランティアの仕事として取り組み始めたものだった。彼の自宅にはかつてセンターで働いていた女性たちが、しばしば訪ねて来ては、生産の再開を訴えているという。彼は、手元にかつてのセンターから引き継いだ在庫があること、彼女たちの希望をかなえるために、これらの在庫を販売して生産再開に必要な資金を作ってゆきたいこと、を語ってくれた。センターがない状況で、どうやって製作作業を行うのかと聞くと、「自宅を彼女たちに開放するつもりです」と答えた。アニス氏の誠実な態度と言葉、そして家庭も開放して彼女たちを支えようという志に打たれた。

涙の返品　一九九六年〜二〇〇三年

帰国して大学に勤務し始めた一九九六年から二〇〇三年に至るまでは、私の友人知人のつてで集まったわずかな注文をアニス氏に送り、在庫の中から、あるいは新たに製作した作品を送ってもらった。毎年バングラデシュを訪問するたびに、アニス氏と会って、現状と今後の見通しを話し合うのだが、かつてのセンターを再開する見通しは、なかなか見えてこない。かえってこの時期には、新たに製作された作品の品質が明らかに低下していることに愕然《がくぜん》とした時があった。

数多くあるバングラデシュのノクシ・カンタ作品の中でも、ＳＤＵＷの作品を他と区別しているのは、スライヤ・ラフマン女史による原画のデザイン（百点余）と、それを一枚の布の上に針と糸で表現する刺繍の高い技術である。だが、ある時、これまで注文したことのなかったデザインを注文したところ、カタログの写真とは大きく異なるバランスの崩れた作品が送られてきた。

SDUWの置かれた厳しい事情を考えれば、多少のアンバランスには目をつぶって…とも思ったが、もしそうすれば、これまで多くの人の心に感動を与えてきた質の高さが永久に失われてしまうような気がした。結局、私は心を鬼にして、送られてきた作品をデジカメで撮影し、スキャナーで読み取ったカタログのデザインと並べて、どの部分のバランスが崩れていて、どこに修正が必要かを指摘して、送り返した。それを受け取ったSDUWの女性たちは、「みんなで泣きました」と後で教えてくれた。

事情を確かめてみると、一九九四年のセンター閉鎖のどさくさの中で貴重な原画が何点か失われてしまっていたらしい。それを知ってからは、私は原画が失われてしまった作品や、特に複雑なデザインの作品の何点かを、カタログからスキャナーで読み取ってデータ化し、また、かつて作られたすぐれた作品の細かい部分をデジカメで撮ってプリントして送り、より品質の高い作品が作られるように手伝った。きわめて素朴な技術援助である。

こうして何年かが経過するうちに、ある時、注文した作品以外のサンプルとして、「花嫁の到着」という小さな、しかし素晴らしいでき栄えの作品が送られてきた。かつての

ＳＤＵＷの高度な技術の復活を感じさせるものだった。

ＳＤＵＷの復活と彼女たちの物語　二〇〇四年〜二〇〇六年

二〇〇四年、私は八年ぶりにバングラデシュでの長期滞在の機会を得て、一年間ダッカで暮らした。アニス氏とも頻繁に会うことが可能となり、ＳＤＵＷの女性たちの刺繍製作現場も訪ねることができた。かつてのセンターに代わって、彼女たちは二人の技術指導者の自宅に通いつつ、主に自宅で作業を進め、週に一回、アニス氏の自宅に集まって完成作品の点検を行い、新たな製作の指示を受けるというやり方で、継続した生産が可能な体制を作っていることがわかった。

私は、ダッカで一年間住んだアパートをＳＤＵＷ作品のショールームにして、在留邦人の方々にＳＤＵＷの作品を紹介し、幸い多くの注文をいただいた。ＳＤＵＷの側もこれらの注文に応えて、次々と見事な作品を生み出していった。かつてのセンターのように、工房とショールームそして託児所まで備えた前進基地は持たないものの、ＳＤＵＷが継続的な生産を行える段階にまで復活したことは確実だった。

しばしば彼女たちの仕事場を訪ねる中で、ＳＤＵＷで働く女性たち一人一人の物語に触れることがあった。技術指導者の一人として活動しているシャムシュ・ナハールさんは夫に離婚され、幼い女の子を抱えて途方に暮れていた時ＳＤＵＷを知り、六カ月の研修を受けて働き始めた。話せないハンディを持つ彼女だったが、その技術は高かった。私からの返品とそのコメントに涙し、自発的に「花嫁の到着」を作り上げて、私に送ってきたのは彼女だった。かつてのセンター時代からの顔見知りでもあり、直接会ってコミュニケーションをとるときには、作品の細かい部分や色使いについても、ベンガル語・英語・日本語のいずれの言葉を使わなくとも身振りと手振りで、意思を通じている。彼女の仕事を幼いころから見ていた娘さんも、現在はＳＤＵＷで働いている。今はこの母娘のそばに、娘さんの子供（シャムシュ・ナハールさんの孫）が遊んでいる。

また、最近加わったメンバーの中には、かつて縫製工場で働いていたという人もいた。日本にもバングラデシュ製の格安ジーンズが入ってくるようになったが、バングラデシュの縫製産業の労働者が置かれている状況は、現在のグローバルな市場における競争圧力をまともに受けて、きわめて厳しいものがある。縫製工場ではもう働きたくない、という彼女の物語からは、バングラデシュのフェアトレード産業が、収入の確保と向上を目指す貧困女性たちに、縫製産業とは異なる選択の機会をつくり出している構造が見えてきた。

フェアトレードの旗を掲げて　二〇〇五年～

二〇〇五年十二月、帰国した私は学生たちの間でフェアトレードに対する関心が存在するのを知って、ＳＤＵＷの作品を広く紹介・販売して生産者の収入の安定と向上を図る活動を、学生たちと一緒に始めた。北星フェアトレードの誕生である。初回のイベントは、大きく新聞で取り上げられたこともあり、多くのお客さまを迎えて、わずか二日間で八〇万円、うち六〇万円はSDUWの作品による売り上げとなった。

学生たちとともに、フェアトレードの旗を掲げてのこの五年間は、それまでの十五年に比べてはるかに密度が濃く、また活動の領域が大きく広がった時だった。パートナー団体は三カ国四団体、イベントで取り扱う商品も三百種類を超える。

まだ紹介されていない、紹介されるのを待っている南の世界の優れた手仕事を紹介し、公正な価格で販売することによって、北の世界の消費者と南の世界の生産者の間により公正な関係をつくり出す。この初志に変わりはない。しかし、これまでの私たちの歩みを振り返り、そして現在日本と世界でフェアトレードが進んでいる方向を考えると、私たちは生産者との関係により意識的に目を向け、それを、生産者自身が生産国でつくり上げてきた・つくりつつある関係と、消費者としての私たちが世界のモノを通じて生産者との間につくっている関係の総体の中に位置づけて、再評価する必要があるのではないかと強く感じている。

フェアトレードの新たなフロンティアに挑む──精神世界の交流を目指して

一九八二年にカナダ大使館の援助を受けた貧しい女性の収入向上のためのパイロット・

プロジェクトとして始まったものが、経営的な自立を果たし、バングラデシュのNGOとして持続的な活動を始めたのがSDUWである。活動が軌道に乗るまでには、画家として自らの才能を貧しい女性のために提供したスライヤ・ラフマンさんや、リーダーとして活躍したモーリーン・バーリンさんらの大きな貢献があった。彼女たちは、厳しい状況に置かれた女性たちへの深い共感と愛情を持って活動に取り組んだ。これは、SDUWだけではない。ノクシ・カンタがバングラデシュの主要なフェアトレード商品として評価を得るまでには、自由に生きる力を抑えつけられた人々に共感し、その力を助け・強めることに喜びを見出してきた多くの人々の努力と気の遠くなるような試行錯誤の積み重ねがあった。奇蹟の刺繍は、こうした人々の思いを経糸《たて》に、彼らの失敗と成功を緯糸《よこ》に織り込んで作り出されてきたのである。

ノクシ・カンタのモチーフになっているのは、長い歴史の中で女性たちが針と糸で紡ぎだしてきた言葉にならない言葉である。一つのノクシ・カンタ作品は、この意味で、彼女たちの、言葉によらない詩であり、物語だと言える。

インドネシア研究の専門家、ベネディクト・アンダーソンの指摘するとおり、言語を習得してその言語が織りなす精神世界を理解するには人生のかなりの部分を要する（『想像の共同体』第8章）。しかし、言葉によらない詩、物語であるノクシ・カンタは、言葉が織りなす精神世界を、言葉によらずに一枚の布の上に針と糸による刺繍で表現し、異邦人にも近づきやすくしている。

とりわけ、スライヤ・ラフマンさんがSDUWのために生み出した原画の世界には、ベンガルの大地と人々が長い時間をかけて生み出した、人と自然と宇宙の一体感、そして変転してやむことのない世界の中で、虐げられた者が本当の自分を求めて生きようとする物語が独自のデザインと色彩の中で表現されている。

既成の宗教の壁を超える独自の信仰世界を持つ吟遊詩人バウル、人間の宗教を求めた詩聖タゴール、名もない農民の暮らしの中に人間の真実を見つめた農民詩人ジョシムディン…これらの人々が代表するベンガルの豊かな精神世界は、グローバル化が進む現代世界に生きるわれわれの貴重な財産である。SDUWの作品群は、この豊かな世界に触れる扉を開いてくれる。フェアトレードが最終的に目指す「公正な関係」は、その当事者同士の精神世界を含めて公正に認め合い、学び合う関係でありたいと思う。これは、私たちにとって、これから挑むべき新たなフロンティアだと言えるだろう。

最後に、フェアトレードの一層の拡大と深化を願って、タゴールの言葉を紹介して終わりたい。

人間の歴史は、虐げられた者の勝利を辛抱強く待っている
ラビンドラナート・タゴール「迷い鳥」(一九一六年)

三―六　シサム工房

二〇〇九年八月、子島はかつて助手として勤務していた京都大学大学院のアジア・アフリカ地域研究研究科で、国際ＮＧＯに関する集中講義を行いました。ＮＧＯによるフェアトレード事業について話した際に「せっかくだからお店に行こう」となり、受講生八人を誘ってシサム工房本店を訪問しました。参加した須永さんと山瀬さんによるレポートです。

京都発フェアトレード―より欲しいと思えるものを、フェアトレードで作り出す

須永恵美子・山瀬靖弘

二〇〇九年八月六日、子島先生の講義を受ける京都大の院生八人が「シサム工房」を訪れた。フェアトレードの現場を見学するためだ。シサム工房は、京都市左京区の今出川沿いにあるフェアトレード商品を扱うお店で、一九九九年にオープンした。店内にはオーガニック・コットンのシャツやパレスチナのオリーブオイル、インドネシアの陶器、ネパールのスパイス、グアテマラのコーヒーなどが所狭しと並んでいる。

シサム工房の基本理念は（１）途上国支援・フェアトレード（２）伝統文化・手仕事へ

の敬意（3）環境や健康へのこだわりだ。店内を案内してくれたのは、シサム工房に勤めて七年目になる店長の遠藤真帆さん。院生たちの突飛な質問にも、一つ一つ丁寧に答えてくれた。

シサム工房には、YUIYUIや黒竹家具などのオリジナルブランドがある。また、現地のフェアトレード・パートナーと独自に企画したtibitというシルバージュエリーもある。ちなみにこのtibitは、遠藤さん自身がタイで生産者の方々と会い、商品開発を手がけている。構想、サンプル発注、注文、入荷など、現地とのやり取りは、時間もかかり、苦労を伴う。それが農村部や山奥の地区ともなればなおさらだ。しかし、交通網の整っていない奥地やいわゆる貧困地域にこそ、フェアトレードを生活の糧としている人々がいる。

フェアトレード商品を扱うのは、簡単なことではない。フェアトレードは継続的な契約が重要なポイントなので、長期にわたって買い付け、売り続ける必要がある。つまり、継続的な観点を無視した無責任な契約や販売はできないのだ。

商品を売らないと生産者に収入が入らないし、次の注文ができない。そして、売り続けないとフェアトレードは成り立たない。そのためには、店舗を増やしたり、在庫の回転を速くする必要があり、商品開発を強化することも大切になる。フェアトレードは一方的な援助ではなく、現地の生産者との間で行われるビジネスなのだ。

遠藤さんは、個人客だけでなく店舗経営者らへの販売も主眼においている。想定しているのは、照明器具などのインテリアだ。商業用店舗との取引では一度に多数の売り上げがあり、また店舗経営者側にもフェアトレードの商品を使っているという付加価値がつく。

私たちの訪れた今出川本店は、銀閣から近く、観光客がよく通る道沿いにある。そのような立地条件にもかかわらず、店を訪れる客は、地元の方やリピーターが圧倒的に多いという。近くの住民の方が、シャンプーや石けん、食料品などの日用品を買っていくとのこと。さらに、購買層の大多数が二、三十代の女性だ。店の収益の大半を占める衣料も、女性向けのものが多い。遠藤さんとしては、もっと男性用の衣類も扱いたいところなのだが、デザインやカラーバリエーションなどが難しいため、結果的に女性向けのものが多くなっている。逆に見れば、男性客を対象にした新たな市場開拓の余地を思わせる。

遠藤さんは、フェアトレードの価値を過度に押し付けたり、フェアトレードだから買って、と思っているわけではない。「フェアトレードが普通になってほしい。消費者が『あ、いいな』と思い、よくよく見てみたらフェアトレード商品だった、というスタイルが確立すればいい。そのためにも、まずはフェアトレードを知ってもらいたい」長年フェアトレードにかかわってきた遠藤さんの思いだ。

近年フェアトレードの認知度は少しずつ高まっている。だが、「フェアトレード」というブランドをつけておけば、一度は売れるかもしれないが、それっきりになってしまうこともありうる。だからこそ、「デザインが良い」「品質が高い」から商品を選んでもらうよう、日々考えをめぐらせているのだろう。試行錯誤を重ねて商品開発に力を注ぎ、なおかつフェアトレードをより広く認知してもらえるよう取り組んでいるシサム工房の様子を、今回の訪問で垣間見ることができた。

〈初出掲載紙一覧〉

◎はじめに

子島進「視点　オピニオン21」（上毛新聞）
「フェアトレード　新しい形の国際協力」二〇〇八年十二月二十七日。
「広がる途上国支援の輪」二〇〇九年二月二十四日。
「委託で広がる活動」二〇〇九年四月十四日。
「生活の中のフェアトレード商品」二〇〇九年六月十七日。
「販売から探る国際協力の可能性」二〇〇九年八月八日。
「FTの成果と夢」二〇〇九年十月五日。

◎第一部

二〇〇六年度
斉藤藍「フェアトレードから見えてきたバングラデシュ」上毛新聞シャトル、二〇〇六年十一月十一日。
伊藤あゆみ・前田嶺「館林で国際協力　フェアトレード実践編」上毛新聞シャトル、二〇〇七年三月三日。

子島進編集『フェアトレードでつながる日本とバングラデシュ』（二〇〇六年度　東洋大学国際地域学部フィールドスタディ報告書）、二〇〇七年三月二十三日。執筆者：伊藤あゆみ、臼井秀太、大嵜晃子、大澤祥生、大高博己、小川祐香理、加藤厚史、川島修平、久保愛美、熊島愛、齋藤藍、玉井直也、東城勇太、長澤奈津子、子島進、林千賀子、裴正一、星晃二、前田嶺、山上紗里。

川島修平・東城勇太「下町夜市フェアトレード販売　報告書」、二〇〇七年（http://www2.toyo.ac.jp/~nejima/070519report.htm）

二〇〇七年度
ノクシカタ連載（上毛新聞シャトル）
五十嵐理奈「ノクシカタ　バングラデシュの刺繍布1」二〇〇七年八月十二日。
中森あゆみ「ノクシカタ　バングラデシュの刺繍布2」二〇〇七年八月十四日。
林千賀子・子島進「ノクシカタ　バングラデシュの刺繍布3」二〇〇七年八月十五日。
大嵜晃子「ノクシカタ　バングラデシュの刺繍布4」二〇〇七年八月十七日。
萱野智篤「ノクシカタ　バングラデシュの刺繍布5」二〇〇七年八月十八日。
石橋明子「ノクシカタ　バングラデシュの刺繍布6」二〇〇七年八月十九日。

大塚瑠依・林大輔「フェアトレード　東洋大生の試み」上毛新聞シャトル、二〇〇七年十一月十一日。
子島進編集『館林におけるフェアトレード販売』（二〇〇七年度　東洋大学国際地域学部フィールドスタディ報告書）、二〇〇八年三月三十日。執筆者：石橋明子、大嵜晃子、大塚瑠依、子島進、林大輔。

二〇〇八年度

「私のおすすめ商品」連載（上毛新聞シャトル）
ボズ・ラズ・パウエル「トラカムバック」二〇〇八年八月十五日。
宇佐美真弓「ヤギ革細工」二〇〇八年八月十六日。
岡村朱乃「ヒマラヤン・ワールド・コーヒー」二〇〇八年八月十七日。
大石真夢「ノクシカタ　象の小銭入れ」二〇〇八年八月十八日。
平野由紀「ミティラのペン立て」二〇〇八年八月十九日。
岡田有紗「手漉き紙ポストカード」二〇〇八年八月二十日。
山崎めぐみ「素焼きの猫・象」二〇〇八年八月二十二日。
善家晋吾「こつぶちゃん」二〇〇八年八月二十三日。

子島進「08年の活動報告と09年の展望」二〇〇九年一月二十八日。

二〇〇九年度

「私のおすすめ商品」連載（上毛新聞シャトル）
荻田陽子「ジュートバッグ」二〇〇九年八月十二日。
長崎めぐみ「セブの手作りネックレス」二〇〇九年八月十四日。
津田彩花「ノクシカタ」、二〇〇九年八月十五日。
猪子景子「クロントイ・スラムのバッグ」二〇〇九年八月十六日。
岩下光恵・喜多彩乃「ドライマンゴー」二〇〇九年八月二十一日。
甲斐将史「ヤギ革のペンケース・ブックカバー」二〇〇九年八月十八日。
田原晃吉・深田慎介「ネパールのオーガニック・ティー」二〇〇九年八月十九日。
山崎めぐみ「ムルタン焼の植木鉢」二〇〇九年八月二十二日。

「館林発フェアトレード」連載（上毛新聞シャトル）
大石真夢・嶋田拓真「二〇〇五年」二〇〇九年十月二十六日。
安西孝史・市井智子「二〇〇六年上」二〇〇九年十一月四日。
大石真夢「二〇〇六年下」二〇〇九年十一月十一日。

石附さゆみ・塚田康介「二〇〇七年」二〇〇九年十一月十八日。
大石真夢・善家晋吾「二〇〇八年上」二〇〇九年十一月二十三日。
大石真夢・善家晋吾「二〇〇八年下」二〇〇九年十一月二十七日。
石附さゆみ・嶋田拓真・塚田康介「二〇〇九年」二〇〇九年十一月三十日。
石附さゆみ「二〇〇九年（今後の展望）」二〇〇九年十二月四日。

子島進「フェアトレード関連文献書評」『国際地域学研究』第十二号、二〇一一二〇五ページ。http://rdarc.rds.toyo.ac.jp/webdav/frds/public/kiyou/rdvol12/12.pdf
子島進監修・岡村朱乃編『ハートバザール　２００９年度活動報告書』二〇一〇年三月三十一日。執筆者：青野弘、岡村朱乃、甲斐将史、田原晃吉、子島進、濱岡涼子、深田慎介、船津みゆみ、前澤佐代子、山本路子。

◎第二部

「セブ島に学ぶ」連載（上毛新聞シャトル）
今井泰世・西本勇太「1　セブ市の概要」二〇〇九年一月十九日。
宇佐美真弓・手塚詩織「2　UPセブでの講義」二〇〇九年一月二十六日。
興梠美樹・若林奈々絵「3　バランガイ・ルスの概要」二〇〇九年二月六日。

勝又綾奈・鯨井美沙「4 住居」二〇〇九年二月十三日。

井上千里・高藤薫「5 生活の中の水」二〇〇九年二月十六日。

植竹聡美・金子華英「6 女性組織の活動」二〇〇九年二月二十三日。

江口麻衣子・ボズ ラズ パウデル「7 コミュニティー開発の中のフェアトレード」二〇〇九年二月二十七日。

中川知美・小尾直美「8 ボホール観光」二〇〇九年三月九日。

Maria Armie Sheila B. Garde・横尾真純「9 学生間の交流」二〇〇九年三月二十三日。

伊藤裕輔・山本路子「10「参加型」コミュニティー開発―学園祭での取り組み」二〇〇九年三月三十日。

秋谷公博・子島進編「都市スラムにおけるコミュニティー開発 フィリピン・タイ」(二〇〇八年度 東洋大学国際地域学部フィールドスタディ報告書)、二〇〇九年三月三十一日。セブ研修執筆者:井上千里、今井泰世、植竹聡美、宇佐美真弓、江口麻衣子、小尾直美、勝又綾奈、金子華英、鯨井美沙、興梠美樹、高藤薫、手塚詩織、中川知美、西本勇太、ボズ・ラズ・パウデル、横尾真純、若林奈々絵。
http://www2.toyo.ac.jp/~nejima/cebu2008/2009report090716.pdf

幕間ならびに第三部は、すべて本書のために、新たにインタビューもしくは執筆したものです。

おわりに

「二〇〇九年度中には何とか出版しよう」そう言って始めた作業ですが、春休み中に後一歩まで行きながら編集が終わらず、二〇一〇年度に突入。その後、ようやく九月現在の時点で校正刷りのチェックをしていますが、実はすでに第二弾を構想できるくらいの展開がありました。二〇一〇年九月までの活動を簡単に紹介して、この本を終わりたいと思います。

まず、四月に日本経済新聞の「フェアトレード、大学生も一役」という記事で、館林での販売が全国に紹介されました。この記事を読んで連絡してきたのが、REN（難民自立支援ネットワーク）の林原行雄さんです。六月には代表の石谷尚子さんに東洋大にお出でいただき、活動内容を講義してもらいました。RENでは、日本在住の難民の方々が支援者と一緒に作るビーズを販売しています。このビーズを広めようと、館林での販売の「おすすめ商品」としてシャトル紙上で紹介したところ、売上の二割近くをビーズ類が占めるという反響がありました。まだあまり知られていないユニークな商品を紹介するという新たな社会的役割をハートバザールが担い始めた第一歩なのかなと思います。

また、販売のプレ・イベントとして、館林の西公民館で講演会を開催しました。「大学生によるフェアトレードの実践」と題し、ぺぱっぷ（神戸大）の國光智子さん、北星フェアトレードの津田彩花さん、そして東洋大の岩井田圭耶・山下光昭さんが、それぞれの取り組みについて話しました。四十人の参加者を前に、「分福紅茶」のお披露目をできたことは、とてもうれしいできごとでした。館林のゆるキャラ「ぽんちゃん」がパッケージに登場するこの商品は、「地域と国際協力を結びつける」ことを目指して、第3世界ショップや館林市花のまち観光課の協力のもとにできあがりました。講演会の参加者全員でのグループ・ディスカッションからは、お正月に神社やお寺で限定販売する「七福コーヒー」、冬の多々良沼に飛来する白鳥をデザインにあしらったチョコレートなどのアイデアも飛び出しました。

館林二中の生徒さん二十人がボランティアとして販売に参加し、東洋大生と一緒にイベントを盛り上げてくれたことも忘れられません。来年度以降、地元の小学校、中学校、高校（!?）との連携が広がっていくことを期待しています。

本書のもとになった上毛新聞シャトル連載にあたって、編集長の子安悟さん、桑原高良さん、今井広さん、北島純夫さん、さらに書籍化をお願いした段階からは上毛新聞社出版部の富澤隆夫さんに大変お世話になりました。記して御礼申し上げます。

いよいよこの本が出版されることを、これまでフェアトレードに関わった多くの東洋大生のみなさんと一緒に喜びたいと思います。

ハートバザールの今後が、私自身とても楽しみです。

子島　進

編者
子島　　進（ねじま　すすむ）東洋大学国際地域学部　教員。
五十嵐理奈（いがらし　りな）福岡アジア美術館　学芸員。
小早川裕子（こばやかわ　ゆうこ）東洋大学地域活性化研究所 客員研究員。

執筆者（所属は2009年執筆時のものです）

子島進　「はじめに」「おわりに」および本書全編の編集を担当。

安西孝史・石附さゆみ・市井智子・大石真夢・嶋田拓真・善家晋吾・塚田康介（東洋大学国際地域学部。二〇〇九年度子島ゼミ）「第一部」「幕間その一」「幕間その二」

五十嵐理奈「二－一」

岩下光恵、喜多彩乃（神戸大学国際文化学部）「三－四」

太田和宏（神戸大学大学院人間発達環境学研究科　教員）「三－四」

津田彩花（北星学園大学経済学部）「三－五」

萱野智篤（北星学園大学経済学部　教員）「三－五」

須永恵美子・山瀬靖弘（京都大学大学院アジア・アフリカ地域研究研究科）「三－六」

（その他の執筆者は、「初出掲載紙一覧」をご覧ください）。

第三部のインタビューに応えてくださった方々
土屋春代・丑久保完二（ネパリ・バザーロ）
小松豊明（シャプラニール＝市民による海外協力の会）
市原裕子（一九九〇－九二年、青年海外協力隊隊員）
遠藤真帆（シサム工房）

館林発フェアトレード
―地域から発信する国際協力―

発行日　二〇一〇年十月二十九日

編著者　子島進、五十嵐理奈、小早川裕子編
東洋大学国際地域学部子島ゼミ

発　行　上毛新聞社事業局出版部
〒三七一―八六六六
群馬県前橋市古市町一―五〇―二一
電話　（〇二七）二五四―九九六六